Die
Geldentwertung
als Kredit-, Kalkulations- und Besteuerungsproblem

(Werkerhaltungskonten).

Von

A. Zeiler,
Reichsgerichtsrat

Dr. Rudolf Wassermann, Dr. Adolf Mayer,
Rechtsanwälte in München.

1921
München, Berlin und Leipzig
J. Schweitzer Verlag (Arthur Sellier).

Druck von Dr. F. P. Datterer & Cie., Freising.

Der Juristischen Studiengesellschaft
in München
gewidmet.

Vorwort.

Je schärfer und allseitiger sich die Geldentwertung äußert, desto notwendiger ist es, vor allem Klarheit über diese Erscheinung und ihre Äußerungen zu erlangen, um so dringender der Ruf, daß die Rechtsordnung sie überall, wo sie sich zeigen, in Rechnung stelle. Besonders wichtig ist die Frage auf dem Gebiete des Steuerrechts, aber auch für die wirtschaftliche Wertung gewerblicher Unternehmungen und ihrer Erträge, für das weite Gebiet des Kreditwesens, für die Preisbemessung der Waren.

Aus mannigfacher Befassung mit diesen Fragen sind die vorliegenden Arbeiten erwachsen. Die vier ersten stehen auf dem Boden des geltenden Rechts und suchen auf ihm die Aufgabe zu lösen. Die fünfte Arbeit weist in die Zukunft. Sie faßt die Geldwertveränderungen als eine unser ganzes Wirtschaftsleben heute wie immer durchdringende Erscheinung und versucht eine für dieses Gesamtgebiet und auf die Dauer geltende einheitliche Lösung.

Nach Abschluß der vorliegenden Abhandlungen hat der Reichskanzler am 1. Juni 1921 im Reichstag den allgemeinen Plan eines Ausbaues der Steuern entwickelt. Wesentlich ist dem Plane eine stärkere Heranziehung des von der Geldentwertung verschont gebliebenen Sachbesitzes im Gegensatz zu den sogenannten Papierwerten. Hiefür erscheint der Gedankengang der fünften Abhandlung bedeutsam. Die Verwirklichung der dort gemachten Vorschläge in dieser oder jener Form dürfte damit in greifbare Nähe gerückt sein.

Ein Anhang enthält, um dem Leser zu ermöglichen sich aus den Quellen ein unbefangenes Urteil zu bilden, die grundlegenden Entscheidungen des Reichsfinanzhofs, eine vielbeachtete Äußerung des Senatspräsidenten am Reichsfinanzhof Strutz und als Gegenstück einen Aufsatz der — halbamtlichen — Industrie- und Handelszeitung, der die politische Bedeutung des Problems beleuchtet.

Die Abhandlungen werden zusammengehalten durch die Einheitlichkeit der behandelten Frage. Im übrigen stehen sie unabhängig nebeneinander. Jeder Verfasser ist nur für seine Arbeit verantwortlich. Mögen auch die Auffassungen mehrfach auseinander gehen, so glauben wir doch durch die Veröffentlichung der Arbeiten die Sache zu fördern.

Nur die vielseitige Durchdringung der Frage kann Klarheit bringen.

Daß diese Arbeiten, die drei bayerische Juristen zu Verfassern haben, der Juristischen Studiengesellschaft in München gewidmet werden, bedarf bei der wissenschaftlichen Bedeutung dieser Organisation eigentlich keiner besonderen Begründung. Mitbestimmend war jedoch für die Verfasser der Wunsch, die Gesellschaft, die erst kürzlich einem steuerrechtlichen Gesetzgebungswerk wertvolle Förderung hat zuteil werden lassen, möge sich auch ihrer Gesetzgebungsvorschläge fürsorglich annehmen.

Beim Lesen der Korrekturbogen und der Zusammenstellung der Literatur hat uns Rechtsanwalt Hermann Gerstle wertvolle Dienste geleistet, wofür wir ihm auch an dieser Stelle unseren besten Dank aussprechen.

Im Juni 1921.

Die Verfasser.

Inhaltsverzeichnis.

Seite

Literaturübersicht VII

1. Die steuerliche Behandlung der Werkerhaltungskonten von RA. Dr. Adolf Mayer, München 1

2. Die neueste Stellungnahme des Reichsfinanzhofs zu den Werkerhaltungskonten von RA. Dr. Adolf Mayer, München 9

3. Die Geldentwertung als Kalkulationsproblem (Preistreiberei-Strafrecht) von RA. Dr. Rudolf Wassermann, München 19

4. Die Berücksichtigung der Geldentwertung in der Einkommensteuernovelle vom 24. März 1921 und die Reform der bilanzrechtlichen Bestimmungen des Handelsgesetzbuchs von RA. Dr. Rudolf Wassermann, München 31

5. Eine An assung aller Werte an die Veränderungen des Geldwertes von RGD Zeiler, Leipzig 38

Anhang.

I. Die Rechtsprechung des Reichsfinanzhofs zur Frage der Werkerhaltungskonten . 78

II. Bemerkungen hiezu von Senatspräsident am Reichsfinanzhof Dr. Strutz 89

III. Scheinwerte der deutschen Industrie 91

Benützte Literatur.

A. Kommentare zum Handelsgesetzbuch und zum Gesetz betreffend die Gesellschaften mit beschränkter Haftung.

Düringer-Hachenburg, Kommentar z. HGB., Mannheim 1908.
Lehmann-Ring, Kommentar z. HGB, Berlin 1913.
Staub, Kommentar z. HGB., Berlin 1921.
Staub-Hachenburg, Kommentar z. Ges. betr. die G. m. b. H., Berlin 1913.

B. Bilanzrechtliche Werke.

Beigel, Das allgemeine deutsche Buchführungsrecht, Leipzig 1902.
Fischer R., Buchführung und Bilanzaufstellung nach Handelsrecht, Leipzig 1913.
— Über die Grundlagen der Bilanzwerte (Festschrift der Juristischen Gesellschaft in Leipzig 1909).
— Die Bilanzwerte, was sie sind und was sie nicht sind, Leipzig 1905 und 1908.
Passow, Die Bilanzen der privaten und öffentlichen Unternehmungen.
Rehm, Die Bilanzen der Aktiengesellschaften, München 1914.
Reisch-Kreibig, Bilanz und Steuer, Wien 1197 u. 1919.
Simon V., Die Bilanzen der AG., Berlin 1910.
— Betrachtungen über Bilanzen u. Geschäftsberichte der AG. aus Anlaß neuerer Vorgänge (Festgabe der jur. Gesellschaft Berlin f. Koch, 1903).
Weyermann, Bilanzrecht u. Bilanzzweck (Festgabe d. jur. Fakultät Bern für G. Huber, 1919).

C. Handelswissenschaftliche Werke.

Berliner, Buchhaltungs- und Bilanzlehre, Hannover 1911.
Gerstner, Bilanzanalyse, Berlin u. Leipzig 1921.
Kovero, Bewertung der Vermögensgegenstände in den Bilanzen der privaten Unternehmungen, 1912.
Leitner, Grundriß der Buchhaltung u. Bilanzkunde, Berlin 1913.
Maatz, Die kaufmännische Bilanz u. das steuerbare Einkommen, Berlin 1914.
Schär, Buchhaltung u. Bilanz, Berlin 1914.
Schmalenbach, Grundlagen dynamischer Bilanzlehren.
Stern, Kaufmännische Bilanz, Leipzig 1907.

D. Spezialliteratur.

Breunig-Lewinski, Kommentar zum Ges. über das Reichsnotopfer (in Anm. 8d, 8l u. 8r zu § 17 u. die dort angeführte Literatur.)
Brönner, Die Bewertung des Betriebsvermögens u. der Erneuerungsfonds Berlin 1921.
Buxbaum, Der Einfluß der Geldentwertung auf die Kalkulation (Industrie- u. Handelszeitung v. 1. März 1920).
Le Coutre, Abschreibung u. Geldentwertung (Industrie- u. Handelszeitung v. 25. u. 26. Januar 1921).
Erler-Koppe, Die Einkommensteuernovelle, Berlin 1921.
Flechtheim, Steuerfreiheit für Erneuerungsfonds? (Bankarchiv 1921, S. 155.)
Fürnrohr, Bilanzbewertung und Steuerpflicht, München 1919.
Gerstner, Die kaufmännische Kalkulation nach den Grundsätzen der Preistreibereiverordn., Berlin 1920.
— Gefährliche Finanzpolitik (Nr. 29 der Vossischen Zeitung v. 19. Januar 1921).
Geldmacher, Bilanzsorgen (Industrie- u. Handelszeitung 1920, Nr. 57—63).
Großmann, Zur sogenannten Gesamtabschreibung nach Steuerrecht (Zeitschrift für Handelsrecht u. Handelspraxis, 1920, S. 130).
— Das Werkerhaltungskonto der erneuerungsbedürftigen Unternehmung (Mitteil. der Steuerauskunftsstelle des Reichsverbandes der deutschen Industrie vom 15. April 1921).
Haußmann, Steuerfreiheit für Erneuerungsfonds! (Bankarchiv 1921, S. 115 und 158).
Heberle, Geldwertänderung u. Bilanz, Stuttgart 1921.

Helfferich, Die Neugestaltung der Reichseinkommensteuer (Bankarchiv vom 1. April 1921).
Kast, Falsche Industriekalkulationen (Industrie- und Handelszeitung vom 16. Oktober 1920).
Knappe, Abschreibung u. Erneuerungsfonds (bei Holdheim 19, S. 244 ff.).
Mahlberg, Bilanztechnik und Bewertung bei schwankender Währung, Leipzig 1921.
Marcuse, Die Bilanz und ihre Bedeutung für das Handels- und Steuerrecht, Berlin 1918.
Neumann, Zur Abschreibung auf den Wert des Unternehmens als Ganzen (Mitt. d. Steuerauskunftsstelle des Reichsverbandes der deutschen Industrie vom 30. April 1920).
— Das Werkerhaltungskonto (Mitteilung d. Steuerauskunftsstelle d. Reichsverbandes d deutschen Industrie v 31. Januar, 19. Februar, 7 März, 15. April 1921.)
— Richtlinien zu § 59 a d. Reichseinkommensteuerges. (Mitt. d Steuerauskunftsstelle d. Reichsverbandes d. deutschen Industrie).
Mrozek, Kommentar z. Reichsabgabenordn. (in Anm 14—44 z. § 174 u. die dort angeführte Literatur.)
Naphtali, Wertschwankung u. Bilanz (Flugschrift d. „Frankfurter Zeitung", 1921).
Prion, Die Finanzierung u Bilanz wirtschaftlicher Betriebe unter dem Einfluß der Geldentwertung, Berlin 1921
— Abschreibung u. Geldentwertung (Plutus v. 15. September 1920).
— Ersatzanschaffung u. Neuanlage (Plutus v. 27. Oktober 1920).
— Inflation und Geldentwertung, Berlin 1919.
Rathenau, Produktionspolitik (Nr. 455 d. „Vossischen Zeitung" v. 15. September 1920).
Rosendorff, Die Bilanz als Grundlage der Besteuerung, Berlin 1920.
Schiff, Die Wertminderung in wirtschaftlicher, rechtlicher u rechnerischer Beziehung, Berlin 1909
— Abschreibung (Recht u Wirtschaft 1921, S 75 ff)
Schmalenbach, Industriebetriebe u. Einkommensteuergesetze (Köln Zeitung 1920, Nr 626 u 629)
Schmidl, Bilanzen u. Geldentwertung, Wien 1921
Schulz, Falsche Industriekalkulationen (Industrie- u. Handelszeitung v. 5./6. November 1920).
— Abschreibung u. Geldentwertung (Industrie- u. Handelszeitung v. 19. Februar 1921).
— Geldentwertung u. Steuergesetzgebung (Industrie u. Handelszeitung v. 7. April 1921).
Spieß, Zur Frage der Zulässigkeit von steuerfreien Valutafonds zur Ergänzung der normalen Abschreibung auf gewerbliche Betriebsgegenstände (Mitt. d. Steuerauskunftsstelle d Reichsverbandes d deutschen Industrie v. 30 Dezember 1920 u. 31. Januar 1921).
Wassermann, Geldentwertung, Steuergesetzgebung u. Preistreibereiverordng. (Nr. 63 d „Münch. Neuesten Nachr." v 12 Februar 1921).
Zeiler, Geldentwertung u Geschäftsgewinn (Ztschr. f. Handelswissenschaft u. Handelspraxis 1920, S. 125 ff.
— Die Schwankungen in der Kaufkraft des Geldes u. in den Kosten der Lebenshaltung (Schmollers Jahrbuch, Bd. 41 Heft IV S 241 ff.).
— Der Beamtenschaft Not u. Rettung, München 1918.
— Der Wandel von Wirtschaftshöhe u. Geldwert in seinem Einfluß auf das Versicherungswesen (Zentr.-Bl. d. Reichsvers., Nr. 23 v. 1. Dezember 1920).
— Der bewegliche Gehaltsteil, Berlin 1920.
— Zur Abtragung von Schuldansprüchen aus Zeiten d. Geldentwertung (Zeitschr. f. Soz. Wissensch. 1921 Nr. 3).
Zimmermann, Geldentwertung u. Steuern (Nr. 9 d „Münchn. Neuesten Nachr." v. 8. Januar 1921).
— Kommentar z. Reichseinkommensteuerges. (bei §§ 33 a, 59 a).

1. Die steuerliche Behandlung der Werkerhaltungskonten

von Rechtsanwalt Dr. Adolf Mayer, München.

I.

Die seit Kriegsende rapid fortschreitende Geldentwertung hat neben anderen wenig erfreulichen Folgeerscheinungen auch die gezeitigt, daß die nach den bisherigen Grundsätzen aufgestellten kaufmännischen Bilanzen mit der tatsächlichen Geschäftslage nicht mehr in Einklang zu bringen waren. Dieser Mißstand machte sich hauptsächlich bei den Abschreibungen auf aus der Friedenszeit übernommene Werte geltend. Hier tritt der Unterschied zwischen Goldmark und Papiermark besonders kraß zutage.

Ist z. B. im Jahre 1913 eine Maschine um den Betrag von 100 000 ℳ angeschafft und sind von derselben zulässigerweise jährlich je 10 000 ℳ abgeschrieben worden, so stehen zur Erneuerung der Maschine augenblicklich 80 000 ℳ zur Verfügung; müßte die Maschine heute neu beschafft werden, so würde sie infolge der Geldentwertung jetzt vielleicht 2—2½ Millionen kosten. Eine Neubeschaffung ist aber nicht möglich, weil der ganze notwendige Betrag inzwischen als Geschäftsgewinn weggesteuert worden ist.

Vor allem in Industriekreisen hat sich daher die Erkenntnis aufgedrängt, daß es mit den bisher üblichen Abschreibungen an den einzelnen Aktivposten nicht getan ist, daß vielmehr außer denselben in jeder Bilanz noch ein sogenanntes „Werkerhaltungskonto" sozusagen als Abschreibung auf den Wert des Unternehmens als Ganzen eingesetzt werden muß, das demnach nicht mehr als Geschäftsgewinn figuriert und lediglich der Erneuerung der notwendigen Betriebsmittel bei der derzeitigen Geldentwertung zu dienen hat (vgl. hiezu die zusammenfassende Schrift von Prion: „Die Finanzierung und Bilanzierung wirtschaftlicher Betriebe unter dem Einfluß der Geldentwertung", Berlin 1921). Wollte man aber schon solche Konten in die Bilanz einsetzen, so stand natürlich zu befürchten, daß sie als stille Reserven zum größten Teil wieder von der Steuer verschluckt werden. Aus dieser Besorgnis erklärte sich ein bei der zweiten Beratung des Reichseinkommensteuergesetzes eingebrachter Antrag Wetzlich und Gen. den § 13 REStG. mit einem entsprechenden Zusatz zu versehen. Der Antrag fiel seinerzeit unter den Tisch, nachdem Unterstaatssekretär Moesle die Ansicht vertreten hatte, ein solcher Erneuerungsfonds bedeute nichts anderes als eine Rücklage für künftige Erhöhung des Betriebsvermögens und sei daher bei dem beabsichtigten Wortlaut des § 15 Ziff. 1 REStG. nicht abzugsfähig. Die Unrichtigkeit dieser Meinung liegt auf der Hand: Es ist ganz klar, daß, wenn Maschinen usw. im Laufe der Zeit unbrauchbar werden und erneuert werden müssen, der ganze notwendige Betrag aber infolge der Geldentwertung aus den normalen Abschreibungen bei weitem nicht gedeckt werden kann, die Bereitstellung eines eigenen Erneuerungsfonds zu diesem Zwecke nicht der Erhöhung, sondern im wesentlichen nur der Sicherung und Erhaltung der Einkünfte dient.

Die Geschäftswelt ging deshalb auch über diese vom Regierungstisch gegebene Gesetzesauslegung ohne weiteres zur Tagesordnung über und beharrte auf der Einführung steuerfreier Werkerhaltungskonten, die sich bilanztechnisch als unter dem Zwang der Valuta vorgenommene Abschreibungen auf den Wert des Unternehmens als Ganzes darstellen. Nachdem bereits Meumann in den „Mitteilungen der Steuerauskunftsstelle des Reichsverbands der deutschen Industrie", 3. Jahrgang Nr. 4 S. 66 ff. sich mit zutreffender juristischer Begründung dafür eingesetzt und seine Theorien in weiteren Darlegungen (Mitteilungen der Steuerauskunftsstelle, 4. Jahrgang Nr. 1 S. 9 ff., Nr. 2 S. 35 ff., Nr. 3 S. 49 ff.) noch breiter ausgeführt hatte, wobei ihm in Reichsfinanzrat Dr. Spieß nur in Einzelheiten ein Widersacher, im praktischen Endergebnis aber ein Bundesgenosse erstand (Mitteilungen der Steuerauskunftsstelle 3. Jahrgang Nr. 12 S. 218 ff., 4. Jahrgang Nr. 2 S. 30 ff.), stellte der „Verein deutscher Maschinenbauanstalten", für dessen Mitglieder die Existenzberechtigung von Werkerhaltungskonten von vitalstem Interesse war, in seiner Vorstandssitzung vom 10. Dezember 1920 unter anderem folgende Leitsätze[1]) auf, die er an sämtliche Mitglieder hinausgab:

„Bilanzierung und Abschreibungen.

1. Abschreibungen oder Erneuerungskosten sind in solcher Höhe einzustellen, daß zur Zeit der Ersatzbeschaffung die hiefür erforderlichen Mittel gedeckt sind.
2. Soweit in früheren Jahren der schon damals vorhandenen aber nicht erkannten Geldentwertung bei den Abschreibungen keine Rechnung getragen ist, müssen die Fehlbeträge bei der Bemessung der Abschreibungssummen oder Erneuerungskosten mit berücksichtigt werden.
3. Zum Ausgleich der auf die Geldentwertung zurückzuführenden Fehler ist z. Zt. für die Bemessung der Abschreibungen oder Erneuerungskosten etwa für Maschinen ein 15 bis 20 facher, für Gebäude ein 20 bis 30-facher Vorkriegspreis zugrunde zu legen.
4. Ausgleichsbuchungen können auch in einem Sammelposten als Minderbewertung des „Unternehmens als Ganzen" unter den Passiven aufgeführt werden.

   Die Vornahme der Abschreibungen und die Errichtung der Erneuerungskosten muß **vor** Errechnung des bilanzmäßigen Reingewinnes erfolgen.

---

[1]) Vollständig abgedruckt bei Brönner (s. Literaturverzeichnis).

5. Die als notwendig erkannten Abschreibungen oder Erneuerungskosten sind bei der Ermittlung der Selbstkosten in voller Höhe zu berücksichtigen.

Kapitalbeschaffung und Reingewinnermittlung.

1. Bei Berechnung der Gewinnanteile ist darauf zu achten, daß nicht aus einem infolge zu geringer Abschreibungen nur errechneten und scheinbaren Reingewinn Kapitalbeträge zur Ausschüttung kommen.
2. Die Beschaffung neuen Kapitals lediglich zur Erhaltung und Erneuerung vorhandener Anlagewerte ist zu vermeiden."

Auch der Reichsfinanzhof nahm dankenswerterweise in zwei Erkenntnissen vom 11. Januar 1921 (Amtliche Sammlung Bd. 4 Heft 4 S. 160ff.) zur Frage der Werkerhaltungskonten Stellung, indem er die unhaltbare Ansicht Moesles durch folgende Rechtsgrundsätze desavouierte:

„1. Ein Erneuerungsfonds, welcher als steuerfreies Wertberichtigungskonto in Betracht kommt, dient nicht der Aufsparung eines Teiles des geschäftlichen Reingewinnes, sondern soll nur den gesetzlich in die Bilanz einzustellenden Wert der Aktiva gegenüber einer früheren Höherbewertung durch Absetzung des Differenzbetrages zum Ausdruck bringen. Er bemißt sich also lediglich nach der Höhe der eingetretenen Wertminderung dieser Bilanzaktiva.
2. Es ist möglich, daß durch den Verlust eines einzelnen Bilanzaktivums, welches selbst naturgemäß nur bis auf Null abgeschrieben werden kann, daneben eine Entwertung des Gesamtunternehmens eintritt. Diese kann darin liegen, daß das verlorene Aktivum, weil es für den Betrieb unentbehrlich ist, zu einem seinen Anschaffungspreiswert wesentlich übersteigenden Preise neu beschafft werden muß.
3. Eine solche Entwertung des Gesamtunternehmens kann aber zu einer steuerfreien Abschreibung oder zur Einsetzung eines steuerfreien Ausgleichspostens nur unter der Voraussetzung führen, daß die in der Bilanz dargestellten Aktivwerte ihrer Gesamtbezifferung nach zu hoch angesetzt sind und eine dahingehende schlüssige Behauptung von den Steuerpflichtigen aufgestellt worden ist."

II.

Freilich war auch mit dieser allerjüngsten Judikatur des obersten Steuergerichtshofs die allein erwünschte Klarheit noch nicht geschaffen; der beste Beweis dafür ist, daß sich unmittelbar im Anschluß daran über die Auslegung derselben eine, wenn auch nicht sehr tiefgehende Kontroverse zwischen Neumann und Spieß in den „Mitteilungen der Steuerauskunftsstelle" 4. Jahrgang Nr. 2 S. 30ff. erhob; auch der Präsident des I. Senats des Reichsfinanzhofs, welcher die genannten Entscheidungen erlassen hatte, Geheimrat Dr. Georg Strutz warnte in der Nummer der „zeitgemäßen Steuerfragen" vom 15. März vor zu weitgehenderen Schlußfolgerungen und lenkte die Aufmerksamkeit auf die durch die derzeitige Gesetzgebung gezogenen Schranken. Daher der Ruf nach einer grundsätzlichen Änderung der Gesetzgebung, der aus allen Interessentenkreisen, beispielsweise aus folgender einmütiger Resolution der Handelskammer Augsburg, gefaßt in ihrer Vollsitzung vom 7. Januar 1921, laut wird:

„Abschreibungen und Rückstellungen können nur dann als wirtschaftlich ausreichend angesehen werden, wenn ihre Bemessung unter Berücksichtigung unserer Geldentwertung (Papiermark) vorgenommen wurde. Alle Unternehmungen müssen hierauf vor Ausschüttung von Reingewinnen Rücksicht nehmen und die Preisgesetzgebung sowie die Steuergesetzgebung müssen hieraus unbedingt sofort die notwendigen Konsequenzen ziehen. Bei der bevorstehenden Beratung der Reichseinkommensteuernovelle im Reichstag ist darauf hinzuwirken, daß angemessene Rückstellungen auf Erneuerungsfonds, die unter Berücksichtigung des Papiermarkwertes für Neuanschaffungen erfolgen, grundsätzlich als steuerfrei anerkannt werden."

Diese grundsätzliche Änderung ist leider nur teilweise erfolgt, nämlich in dem durch die Novelle vom 24. März 1921 (RGBl. S. 313 ff.) neu angefügten § 59 a des Reichseinkommensteuergesetzes, der folgenden Wortlaut hat:

„Bei Ermittlung des Betriebsgewinns und des Geschäftsgewinns im Sinne der §§ 32, 33 zum Zwecke der Veranlagung für die Rechnungsjahre 1920 bis 1926 können den Verhältnissen entsprechende Rücklagen zur Bestreitung der Kosten steuerfrei abgesetzt werden, die zur Ersatzbeschaffung der zum land- oder forstwirtschaftlichen oder gewerblichen oder bergbaulichen Anlagekapital gehörigen Gegenstände über den gemeinen Wert der Ersatzgegenstände hinaus voraussichtlich aufgewendet werden müssen (Mehrkosten). Die Mehrkosten sind zu Lasten dieser Rücklagen zu verrechnen; stehen zur Bestreitung der Mehrkosten zu diesem Zwecke gebildete Rücklagen nicht zur Verfügung, so können die Mehrkosten als Werbungskosten in Abzug gebracht werden. Bei Feststellung des Anschaffungs- oder Herstellungspreises im Sinne des § 33 a bleiben die Mehrkosten außer Betracht, soweit sie für Ersatzbeschaffungen als Werbungskosten in Abzug gebracht oder aus steuerfreien Rücklagen gedeckt worden sind.

Der Reichsfinanzminister erläßt Richtlinien zur Ausführung dieser Vorschriften (auch über die jeweilige Höhe der über den gemeinen Wert hinausgehenden Mehrkosten) nach Anhörung eines Reichstagsausschusses unter Zuziehung von Sachverständigen, die der Reichsminister der Finanzen ernennt."

Eine teilweise Regelung liegt insoferne vor, als der Gesetzgeber nicht ganze Arbeit gemacht, sondern eine Berücksichtigung der Werkerhaltungskonten nur bei Berechnung der Einkommensteuer *physischer* Personen ausdrücklich angeordnet hat. — Für diese Klasse der Steuerpflichtigen und diese Steuerart kann die Neuregelung als eine befriedigende angesprochen werden. Sie gestattet land- oder forstwirtschaftlichen, gewerblichen und bergbaulichen Einzelunternehmern bei Ermittlung des Betriebs- und Geschäftsgewinns für die Einkommensteuerjahre 1920—1926 einen steuerfreien Fonds in Rechnung zu stellen, der sich aus dem Unterschied zwischen dem gemeinen Wert der Ersatzgegenstände und den zwischen einer Ersatzbeschaffung voraussichtlich aufzuwendenden Mehrkosten zusammensetzt. Die Mehrkosten sind entweder zu Lasten dieses Fonds zu verrechnen oder können, falls ein solcher nicht gebildet ist, ohne weiteres am Geschäfts- bzw. Betriebsgewinn als Werbungskosten in Abzug gebracht werden. Eine nochmalige Berücksichtigung dieser Mehrkosten zugunsten des Steuerpflichtigen verhindert der Gesetzgeber dadurch, daß er verbietet sie insoweit in den Anschaffungs- oder Herstellungspreis der neuen Gegenstände einzukalkulieren, als sie bereits aus dem Erneuerungsfonds gedeckt oder falls ein solcher nicht besteht, als Werbungskosten in Abzug gebracht worden sind.

Die Regelung ist wie ersichtlich eine doppelte: nämlich entweder Bildung eines eigentlichen Erneuerungsfonds (Werkerhaltungskontos) oder in Ermangelung eines solchen direkter Abzug der Mehrkosten vom Betriebsgewinn. Als „gemeiner Wert" kommt im Einklang mit den Vorschriften des § 33 Abs. 2 REStG., § 40 Abs. 2 HGB., §§ 13 ff. RAO. der Preis in Betracht, der im gewöhnlichen Geschäftsverkehr nach der Beschaffenheit des Gegenstandes unter Berücksichtigung aller den Preis beeinflussenden Umstände bei einer Veräußerung zu erzielen wäre; ungewöhnliche oder lediglich persönliche Verhältnisse sind nicht zu berücksichtigen." Zu beachten sind auch die weiteren Bestimmungen des § 138 Abs. 2 und 3, § 139 Abs. 1 RAO., die der Einfachheit halber gleich hieher gesetzt seien:

§ 138.

Abs. 2. Als lediglich persönliche Verhältnisse sind auch Verfügungsbeschränkungen anzusehen, denen der Steuerpflichtige aus Gründen, die in seiner Person oder der Person seiner Rechtsvorgänger liegen, unterworfen war. Dies gilt insbesonders für Verfügungsbeschränkungen, die auf letztwilligen Vereinbarungen beruhen.

Abs. 3. Vor Feststellung des gemeinen Werts ist bei ausländischen Unternehmungen sowie bei gewerblichen und landwirtschaftlichen Neuanlagen auf Antrag des Pflichtigen die für ihn zuständige amtliche Vertretung gutachtlich zu hören.

§ 139.

Abs. 1. Bei der Bewertung von Vermögen, das einem Unternehmen gewidmet ist, wird in der Regel von der Voraussetzung ausgegangen, daß das Unternehmen bei der Veräußerung nicht aufgelöst, sondern weitergeführt wird.

Interessant ist, daß nach der ausdrücklichen Gesetzesvorschrift des § 59 a REStG. der § 139 Abs. 2 RAO., welcher sonst für die Bewertung der dauernd dem Betrieb gewidmeten Gegenstände den Anschaffungs- oder Herstellungspreis im wesentlichen für maßgebend erklärt, hier nicht zur Anwendung kommt: die neue Vorschrift stellt, trotzdem es sich in der Regel um dauernd dem Betrieb gewidmete Gegenstände handelt, bei Berücksichtigung der Werkerhaltungskonten nur auf den „gemeinen Wert" ab.[1])

Wichtig ist ferner, daß auf Grund des § 59 a innerhalb des Zeitraums von 1920—1926 ein Erneuerungsfonds jederzeit errichtet bzw. Abzüge vorgenommen werden können und nicht wie die normalen Abschreibungen an einen bestimmten Termin gebunden sind. Dadurch ist dem einkommensteuerpflichtigen Unternehmer die Möglichkeit gegeben, das Werkerhaltungskonto zu dem Zeitpunkt zu errichten bzw. den Abzug vorzunehmen, zu welchem

---

[1]) Vgl. hiezu noch eingehender die Ausführungen Wassermanns unten S. 21 ff.

ihm besonders günstige Einnahmen die Rückstellung bzw. den Abzug am ehesten ermöglichen. Allerdings darf die Rückstellung bzw. der Abzug nicht nach dem 31. Dezember 1926 erfolgen.

Die vom Reichsfinanzminister zu erwartenden Richtlinien stehen noch aus.

III.

Für die Besteuerung der juristischen Personen wie für das Kriegsabgabegesetz und das Notopfergesetz ist eine Berücksichtigung der Werkerhaltungskonten durch den Gesetzgeber wie gesagt, bisher leider nicht erfolgt. — Es war ursprünglich beabsichtigt, die Vorschrift des § 59a REStG. auf die Körperschaftssteuer auszudehnen, indem sie als §§ 33b in das Reichseinkommensteuergesetz eingestellt und dann gemäß § 9 KöStG. auf das Körperschaftssteuergesetz anwendbar geworden wäre: dem widersprach aber der Reichsfinanzminister mit dem Hinweis, daß die Rücklagen der Körperschaften ohnehin gemäß § 11 KöStG. nur mit 10% versteuert würden.

Die Industrie wird gut daran tun, soweit die Körperschaftssteuer, die Kriegsabgabegesetze und das Reichsnotopfer in Betracht kommt, sich durch diese Erklärung des Reichsfinanzministers nicht beirren zu lassen. Dieselbe ist durch die oben angeführten Rechtsgrundsätze des nach § 36 Abs. 1 RAO. vom Reichsfinanzminister vollkommen unabhängigen Reichsfinanzhofs ebenso korrigiert, wie die gleichfalls wiedergegebene Ansicht Moesles.[1] Die gegenwärtige Wirtschaftslage erheischt, wie bereits eingangs erwähnt, gebieterisch die Einsetzung und steuerliche Berücksichtigung der Werkerhaltungskonten; soweit sie vom Gesetzgeber nicht ausdrücklich anerkannt worden sind, muß ihnen daher die Rechtsprechung des obersten Steuergerichtshofs die Wege ebnen.

Die derzeitigen Rechtsgrundsätze des Reichsfinanzhofs rechtfertigen bei unbefangener Auslegung die Steuerfreiheit der Werkerhaltungskonten überhaupt ebenso wie der neu geschaffene § 59a REStG. für die Einkommensteuer physischer Personen. —

Satz 1 erkennt ausdrücklich an, daß ein Reservefonds nicht der Aufsparung eines Teils des geschäftlichen Reingewinns dient, also nicht als zu versteuernde sogenannte „stille Reserve“ anzusehen ist. Maßgebend für seine Höhe erklärt er die tatsächliche Wertminderung der gesetzlich in die Bilanz einzustellenden Aktiva; diese kann aber, wenn man berücksichtigt, daß sie als unentbehrlich zu einem Vielfachen des früheren Anschaffungspreises wieder erneuert werden müssen, nicht nur auf Null, sondern sogar noch darunter sinken. Ist beispielsweise die im Frieden um 100000 ℳ gekaufte Maschine, die nunmehr 2500000 ℳ kosten würde, gegenwärtig zur Hälfte verbraucht, so müße die Abschreibung nicht mit 50000 ℳ sondern vom Gesichtspunkt der Nachbeschaffung aus mit 1250000 ℳ

[1]) Vgl. Wassermann S. 23 u. Helferich im „Bankarchiv“ 1921 S. 194.

zu Buche stehen. Dieser Betrag kann aber vom einzelnen Aktivposten, im Maschinenkonto nicht abgeschrieben werden, die Folge ist eine Entwertung des Gesamtunternehmens. So Satz 2. Dementsprechend erklärt Satz 3 die Einsetzung eines allgemein steuerfreien Ausgleichspostens, mit anderen Worten eines Werkerhaltungskontos für zulässig unter der Voraussetzung, daß die in der Bilanz dargestellten Aktivwerte ihrer Gesamtbezifferung nach zu hoch sind und eine dahingehende schlüssige Behauptung von den Steuerpflichtigen aufgestellt ist. — Es kommt also nur auf den Nachweis an, daß der **Gesamtwert** der Aktiva unter Berücksichtigung der Geldentwertung und der durch sie um ein Vielfaches verteuerten Nachbeschaffung unentbehrlicher Betriebsmittel zu hoch angesetzt ist. — Diesen Nachweis wird jeder Steuerpflichtige mit Leichtigkeit erbringen können: auch bei ganz vorsichtiger Einschätzung des gegenwärtigen Werts bereits im Frieden angeschaffter Betriebsmittel und ihres derzeitigen Nachbeschaffungspreises, wird sich herausstellen, daß der ohne Berücksichtigung dieser Umstände errechnete sogenannte „Gewinn" nur ein scheinbarer ist und durch Absetzung eines Werkerhaltungskontos auf seine wirkliche Höhe zurückgeführt werden muß. — Nach der autoritativen Ansicht von Spieß („Mitteilungen der Steuerauskunftsstelle" 4. Jahrgang Heft 2 S. 30 ff.), der als Mitglied des 1. Senats des Reichsfinanzhofs höchst wahrscheinlich bei der Abfassung der zitierten Entscheidungen mitgewirkt hat, ist es für die Anerkennung der Berechtigung eines Werkerhaltungskontos nicht notwendig, daß, wie in Satz 2 ausgedrückt, ein unentbehrliches Aktivum vollständig verloren gegangen ist. Auch die von Jahr zu Jahr fortschreitende Abnutzung von einzelnen Bilanzaktiven berechtigt zu Abschreibungen auf den Wert des ganzen Unternehmens.

Die Abschreibung selbst erfolgt, wie bereits mehrfach erwähnt, am besten durch Einstellung eines sogenannten „Werkerhaltungskontos" in die Bilanz, worin im einzelnen die Beträge aufgeführt werden, die zur Erneuerung der verschiedenen Aktiven notwendig sind. Die Berücksichtigung dieses Kontos kann, soweit es nicht durch § 59 a REStG. für die Einkommensteuer physischer Personen ohnehin vorgeschrieben ist, grundsätzlich bei allen Steuern verlangt werden. Auch nachträglich, soweit die früheren Steuerbescheide noch nicht rechtskräftig oder wegen Anfechtung aus einem anderen Grunde im Wege der Rechtsbeschwerde an den Reichsfinanzhof gelangt sind (§ 267 RAO.). Im Berufungsverfahren kann gemäß § 250 RAO. das Werkerhaltungskonto als neue Tatsache ohne weiteres geltend gemacht werden. — Eine Berichtigung bereits abgegangener Steuererklärungen ist zulässig, ebenso im Zusammenhang damit eine Berichtigung der einschlägigen Bilanzen.

Für die Höhe der Werkerhaltungskonten kommt nicht nur die von jetzt ab beginnende Abnützung in Betracht, vielmehr muß es als angängig erachtet werden, die bisher bereits vorgenommenen

Abschreibungen auf ihre den tatsächlichen Verhältnissen entsprechende Höhe zu ergänzen, teilweise versäumte Abschreibungen also nachzuholen. Insoweit hiezu aus den Gewinnen der Kriegsjahre und der Geschäftsjahre 1919 und 1920 nicht genügend Mittel vorhanden sind, kann entweder im laufenden Geschäftsjahr der ganze nachzuholende Betrag auf einmal abgeschrieben oder in den kommenden Jahren eine Erhöhung der einzelnen Abschreibungskonten vorgenommen werden; das erstere dürfte sich, soweit hiedurch nicht eine Unterbilanz erzielt wird, der Einfachheit halber empfehlen. —

Ein Beispiel mag das Gesagte erläutern:

Sind an der Maschine zum Friedensanschaffungswert von 100000 ℳ seit dem Jahre 1913 jährlich 10000 ℳ abgeschrieben worden und beträgt deren Neuanschaffungspreis im Jahre 1923 voraussichtlich 2500000 ℳ, so kann der 1923 noch übrige Abschreibungsbetrag von 2400000 ℳ auf die Jahre 1921, 1922, 1923 verteilt werden; allerdings darf beispielsweise im Jahre 1921 auch der der augenblicklichen Abnützung ($^4/_5$) entsprechende Betrag, nämlich 2000000 ℳ abzüglich der bereits abgeschriebenen 80000 ℳ, also 1920000 ℳ auf einmal abgeschrieben werden; im Jahre 1922 dann wieder 250000 ℳ und 1923 noch einmal 250000 ℳ; auch anderweitige Verteilungen der jährlich zulässigen Abschreibungsbeträge sind noch möglich, soweit damit nicht eine Umgehung der Steuerpflicht bezweckt ist (§ 5 RAO.).

(Vgl. zu allem das Merkblatt des Reichsverbandes der Deutschen Industrie vom 21. Februar 1921 und noch eingehender Wassermann unten S. 19ff. Die von ihm errechnete Höhe der Risikoprämie deckt sich mit der Höhe des zweifellos zulässigen Werkerhaltungskontos.)

Gegen die Zulässigkeit der Nachholung von Abschreibungen hat sich trotz einer bei der Beratung des Einkommensteuergesetzes abgegebenen zustimmenden Erklärung des Regierungsvertreters verschiedentlich Widerspruch erhoben; er wird sich voraussichtlich auch gegen die Zulässigkeit der Werkerhaltungskonten überhaupt, soweit sie nicht durch § 59a REStG. ausdrücklich anerkannt ist, erheben; das Signal dazu wird die bereits erwähnte Äußerung des Reichsfinanzministers bei der Beratung der Einkommensteuernovelle geben. Trotzdem kann den Steuerpflichtigen ruhigen Gewissens empfohlen werden nach obigen Grundsätzen Werkerhaltungskonten in ihre den Finanzbehörden vorzulegenden Bilanzen einzusetzen. Soweit überhaupt noch erforderlich wird unter dem Druck der wirtschaftlichen Notwendigkeiten die Gesetzgebung der verständnisvollen Rechtsprechung des Reichsfinanzhofs nachfolgen und auch diese selbst statt einer engherzigen Auslegung ihrer Grundsätze Vorschub zu leisten, dieselben in jeder Weise den Bedürfnissen des Erwerbslebens anpassen.

2. Die neueste Stellungnahme des Reichsfinanzhofs zu den Werkerhaltungskonten

von Rechtsanwalt **Dr. Adolf Mayer**, München.

I.

In meinem Aufsatz: „Die steuerliche Behandlung der Werkerhaltungskonten" (zuerst abgedruckt in der Bayrischen Staatszeitung 9. Jahrgang [1921] Nr. 96 ff.)[1]) habe ich ausgeführt, daß angesichts der nunmehr in den beiden Urteilen vom 11. Januar 1921 (abgedruckt in der offiziellen Sammlung Bd. 4 Heft 4 S. 160 ff., noch ausführlicher mit dem Beschwerdevorbringen unten im Anhang) zusammengefaßten Rechtsansicht des Reichsfinanzhofs die spezielle gesetzliche Regelung des § 59a REStG. für die Einkommensteuer physischer Personen eigentlich überflüssig war. Ich habe insbesondere darzulegen versucht, daß bei ungezwungener Auslegung die angezogenen Rechtsgrundsätze des obersten Steuergerichtshofes unter gewissen Kautelen eine Berücksichtigung der Werkerhaltungskonten für alle Klassen von Steuerpflichtigen und alle Steuerarten zulassen.

Gegen die Richtigkeit dieser Ansicht spricht nun freilich fürs Erste die Stellungnahme des Reichsfinanzministers und der Linksparteien bei der Beratung des neuen § 59a REStG., der es zu verdanken ist, daß diese Vorschrift nicht als § 33b ins Reichseinkommensteuergesetz aufgenommen wurde und demnach gemäß § 9 KöStG. sinngemäß für das Körperschaftssteuergesetz gilt. Ich halte diesen Umstand jedoch für weniger bedeutungsvoll, als die Tatsache, daß auch maßgebende Mitglieder des Reichsfinanzhofs, und zwar gerade des Senats, der die grundlegenden Entscheidungen vom 11. Januar 1921 erlassen hat, nämlich Senatspräsident Geheimrat Dr. Georg Strutz und Reichsfinanzrat Dr. Spieß für eine einschränkende Interpretation der gedachten Rechtsgrundsätze eintreten. Bei der Gesetzesberatung abgegebene Erklärungen vom Regierungstisch und den Parlamentsbänken tragen nur der augenblicklichen Parteikonstellation Rechnung und vermögen daher die Rechtsentwicklung überhaupt nicht einzuengen. Diese manifestiert sich vielmehr in den Entscheidungen des Reichsfinanzhofs, wobei ihre Kontinuität noch durch § 46 RAO. besonders garantiert ist. Es ist daher notwendig sich mit der autoritativen Interpretation der Richter, welche die Grundsätze aufgestellt haben, auseinanderzusetzen, da anzunehmen ist, daß dieselbe in späteren Entscheidungen über die gleiche

---

[1]) S. oben S. 1.

Frage zum Ausdruck kommt und daher zu befürchten steht, daß gegebenenfalls an sich lebensfähige Rechtsgedanken unter den Bedenken ihrer eigenen Urheber ersticken.

II.

Ungemein schroff ist der Standpunkt von Strutz, wie er in den „Zeitgemäßen Steuerfragen" 2. Jahrgang Monatsheft 3 S. 59 f. präzisiert ist.[1]) Es ist dies um so auffallender, als die Darlegungen von Strutz teilweise mit den Rechtsgrundsätzen, auf die sie sich beziehen, direkt in Widerspruch stehen und, was bei einer so hervorragenden Autorität, wie es Strutz ist, doppelt bedauert werden muß, einer eingehenden Begründung entbehren. — Strutz sagt, wenn ich ihn recht verstehe, und das ist nicht ganz leicht, da er in seinen Darlegungen die Vorschriften des § 261 HGB., § 40 HGB. und § 16 KrStG. ohne innere Verknüpfung nacheinander aufführt, ungefähr Folgendes: Geschäftsgewinn im Sinne des § 16 KrStG. ist der in einem Geschäftsjahr erzielte, nach den gesetzlichen Vorschriften und den Grundsätzen ordnungsmäßiger kaufmännischer Buchführung berechnete Bilanzgewinn. Strutz bemerkt hiebei ausdrücklich, daß nach der herrschenden Rechtsansicht die „Grundsätze ordnungsmäßiger kaufmännischer Buchführung" mit den „gesetzlichen Vorschriften" nicht in Widerspruch stehen dürfen. Dies soll zugestanden werden, obwohl es immerhin bemerkenswert ist, daß im Gesetzestext die „Grundsätze ordnungsmäßiger kaufmännischer Buchführung" den „gesetzlichen Vorschriften" nicht untergeordnet, sondern gleichgestellt sind. Nicht recht verständlich ist aber der gleich nachfolgende und weiter unten wiederholte Hinweis darauf, daß §§ 261 und 40 HGB. H ö ch st bewertungsvorschriften sind und daß vor allem nach der ersteren Vorschrift Gegenstände des stehenden Kapitals mit einem höheren Wert als den Anschaffungs- oder Herstellungspreis nicht eingesetzt werden dürfen. Es wird doch wahrhaftig keinem Steuerpflichtigen einfallen, Aktivposten lediglich zu dem Zweck mit einem höheren als dem gesetzlich zulässigen Werte in die Bilanz einzusetzen, um von ihnen erhöhte Abschreibungen vornehmen zu können; dadurch würde der Betriebsgewinn nicht kleiner und dem Steuerpflichtigen nicht geholfen. — Die Warnung vor einer zu hohen Bewertung des Aktivvermögens, die mit den Vorschriften des HGB. in Widerspruch steht, ist daher vollkommen überflüssig. Jeder Steuerpflichtige hat bekanntlich das Bestreben, seine Aktiva möglichst niedrig zu Buch stehen zu sehen.

Es kann daher ruhig davon ausgegangen werden, daß die Bilanzvorschriften des HGB. insbesondere § 261 Höchstvorschriften sind. (Vgl. hiezu Staub, 10. Aufl. Anm. 3 zu § 261.) Soweit sie Mindestvorschriften sind, hat das Gesetz an ihrer Beachtung kein öffentliches Interesse, da es im Gegenteil nur zum Vorteil der

---

[1]) Auch unten im Anhang abgedruckt.

Gläubiger gereicht, wenn Objekte unter ihrem Werte eingesetzt werden, indem dies zur Stärkung des Gesellschaftsvermögens führt (Staub a. a. O. Anm. 45). Eine Satzungsbestimmung, welche eine noch geringere Bewertung vorschreibt, ist zulässig (Staub a. a. O. Anm. 5). Nehmen wir aber nun einmal an, die Gegenstände des Anlagekapitals können nur ihrem tatsächlichen Wert entsprechend, also nicht unterbewertet in die Bilanz eingestellt werden. § 261 Abs. 3 gestattet ja lediglich den Anschaffungs- oder Herstellungspreis nebst einer entsprechenden Abschreibung einzusetzen ohne Rücksicht auf einen geringeren Wert, d. h. die Einstellung zu dem tatsächlich geringeren Wert ist das Normale, die Einstellung zum Anschaffungs- oder Herstellungspreis bedeutet ein Benefiz für die Gesellschaft. Bei Berücksichtigung des Umstandes, daß die im Frieden angeschafften Gegenstände nunmehr zum Teil abgenützt sind und ihre Erneuerung in Erwägung gezogen werden muß, diese Erneuerung aber nur zu einem Vielfachen des Friedenspreises geschehen kann, gelangt man dann zu dem Ergebnis, daß diese Gegenstände bis auf Null abgeschrieben werden müssen. Damit allein ist es aber nicht getan. Dadurch, daß die Erneuerungslast über dem Unternehmen schwebt, die einzelnen entwerteten Gegenstände aber nicht aus den bis auf Null des Friedenswertes vorgenommenen Abschreibungen neu beschafft werden können, ist eine Entwertung des Unternehmens als Ganzes eingetreten, die in der Bilanz irgendwie zum Ausdruck kommen muß und kann. Nun sagt Strutz: Nach § 16 Abs. 1 S. 2 KrStG. seien Abschreibungen nur insoweit zu berücksichtigen, als sie einen angemessenen Ausgleich der Wertverminderung darstellen; Wertminderungen und Abschreibungen setzen aber begrifflich voraus, daß ein Wert vorhanden sei, von dem abgeschrieben werden könne. Sei dieser Wert bereits gleich Null gesetzt, so seien weitere Abschreibungen unmöglich. Bei dieser ganzen Deduktion geht Strutz meines Erachtens von einer unrichtigen Voraussetzung aus und zwar der, daß die dargestellte Wertminderung des Unternehmens als Ganzen in Form einer Abschreibung oder eines Erneuerungsfonds, die den Bilanzwert der in Frage kommenden Gegenstände nicht übersteigen, zum Ausdruck komme. Mit dieser Auffassung setzt sich Strutz sowohl mit dem Wortlaut der Entscheidung vom 11. Januar 1921 als auch mit den Gesetzesvorschriften des § 16 Abs. 1 KrStG. und gerade des gefürchteten § 261 HGB. in Widerspruch.

Der dritte Grundsatz der Erkenntnisse vom 11. Januar 1921 erklärt als Voraussetzung eines steuerfreien Werkerhaltungskontos, daß „die in der Bilanz dargestellten Aktivwerte ihrer Gesamtbezifferung nach zu hoch angesetzt sind und eine dahingehende schlüssige Behauptung vom Steuerpflichtigen aufgestellt worden ist" Warum soll nun der Steuerpflichtige nicht behaupten können, daß infolge der drohenden Erneuerungslast der Gesamtwert der Aktiven ein zu hoher ist, d. h. daß die Aktiven tatsächlich nicht den ziffernmäßig angegebenen Wert repräsentieren und demzufolge einen entsprechenden Passivposten einsetzen? Es ist klar, daß einzelne Aktiven nicht weiter als bis auf Null abgeschrieben werden können. Für die Frage der Wertberichtigung kommen aber die Aktiven in ihrer Gesamtheit in Frage, also nicht nur die einzelnen, auf die sich scheinbar die Wertminderung erstreckt. Das Geschäft als ganzes ist entwertet, also muß auch die Abschreibung auf die Gesamtheit der gesetzmäßig eingestellten Aktiva in Form der Einsetzung eines Korrektivpostens auf der Passivseite zulässig sein. Weist der Steuerpflichtige nach, daß die Gesamtbezifferung der Aktivwerte eine zu hohe ist, und das ist der Fall, wenn die durch normale Abschreibungen nicht gedeckte Erneuerungslast den Gesamtwert des Unternehmens drückt, so muß ihm, weil die einzelnen Aktiva nicht weiter als bis auf Null abgeschrieben werden können, nach dem klaren Wortlaut der Erkenntnisse vom 11. Januar 1921 die Einsetzung eines steuerfreien Ausgleichspostens gestattet sein.

Dies ist auch im Sinne des von Strutz zu Unrecht als Gegenargument herangezogenen § 16 KrStG. Mißverständlich ist bei dem Wortlaut desselben lediglich, daß er nur von „Abschreibungen" spricht. Freilich läßt sich die Wertminderung des Unternehmens als Ganzen nicht in Form einer Abschreibung auf der Aktivseite der Bilanz zum Ausdruck bringen, d. h. möglich wäre es, bilanztechnisch aber ungewohnt. Es ist dies aber eine bloße Formalität; sachlich bedeutet ein Korrektivposten auf der Passivseite nichts anderes als Abschreibung auf der Aktivseite.

Daher bestimmt auch § 22 Abs. 1 der Ausführungsvorschriften zum Kriegssteuergesetz eigens:

„Die Vorschrift im § 16 Abs. 1 S. 2 des Gesetzes gilt nicht nur für die Abschreibungen, die durch unmittelbare Einstellung des wirklichen zeitigen Werts bereits in die Bilanz erfolgen, sondern auch für die Abschreibungen, die durch Einsetzung des ursprünglichen Wertes unter bilanzmäßiger Gegenüberstellung eines besonderen, die Wertminderung darstellenden Kontos (Erneuerungs-, Delkrederekonto) erfolgen."

Davon abgesehen gestattet nun § 16 Abs. 1 S. 2 KrStG. die Berücksichtigung eines: „angemessenen Ausgleichs der Wertminderung"; es besteht nun nicht die geringste Veranlassung hierunter nur die Wertverminderung einzelner Aktiven zu begreifen, die nicht weiter als auf Null abgeschrieben werden können; § 22 Abs. 2 der Ausführungsvorschriften gebietet ja eigens bei der Beurteilung eines „angemessenen Ausgleichs der Wertverminderung" die Berücksichtigung der besonderen Verhältnisse des einzelnen Unternehmens, insbesondere der durch den Krieg und durch die spätere Überführung in die Friedenswirtschaft bedingten Veränderungen. Diese „besonderen Verhältnisse" werden eben unter dem Druck der durch die normalen Abschreibungen nicht gedeckten Erneuerungslast geschaffen, wobei freilich auf die tragische

Ironie hingewiesen werden muß, die darin liegt, daß der Gesetzgeber 1916 sich unter der Überführung in die Friedenswirtschaft die Rückkehr in normale Verhältnisse, nicht aber das Hineinsteuern in die uferlose Geldentwertung, welche allein die Erörterung unserer Frage veranlaßt hat, vorstellte.

Schließlich stehen weder § 40 noch der gefürchtete § 261 HGB. Strutz hilfreich zur Seite. § 40 HGB. schreibt lediglich vor, daß sämtliche Vermögensgegenstände und Schulden nach dem Werte einzusetzen sind, der ihnen bei dem Zeitpunkt beizulegen ist, für welchen die Aufstellung stattfindet. Damit ist also keineswegs verboten, daß dem Gesamtwert der Aktiva gegenüber auf der Passivseite der Bilanz ein Ausgleichsposten dafür eingesetzt wird, daß das Unternehmen im ganzen infolge der durch normale Abschreibungen nicht gedeckten Abnützung von Betriebsmitteln einen geringeren Wert repräsentiert; nach der herrschenden Rechtsansicht (Staub a. a. O. Anm. 3 zu § 40 HGB.) ist unter dem Wertbegriff des § 40 der objektive Wert gemeint, den die Vermögensstücke für das Geschäft und dessen Fortbestehen haben. Der objektive Gesamtwert ist aber durch die ungedeckte Erneuerungslast gemindert und kann daher in die Bilanz durch ein entsprechendes Konto auf der Passivseite richtiggestellt werden; er muß dies sogar, nachdem § 40 HGB. eine ausdrückliche Höchstbewertungsvorschrift darstellt (vgl. Staub a. a. O. Anm. 2 zu § 40). — Über § 261 HGB. habe ich mich bereits oben verbreitet und möchte hier nur noch Folgendes anführen. Es ist, wie dargelegt, vollständig unrichtig, wenn Strutz ausführt, daß § 261 HGB. ausdrücklich den in einem bestimmten Zeitpunkt gezahlten Anschaffungs- oder Herstellungs„preis" vorschreibt. § 261 Ziff. 3 sagt wörtlich: „Anlagen usw. **dürfen** ohne Rücksicht auf einen geringeren Wert zu dem Anschaffungs- oder Herstellungspreis eingesetzt werden, soferne ein der Abnützung gleichkommender Betrag in Abzug gebracht oder ein entsprechender Erneuerungsfonds in Ansatz gebracht wird." Die Einsetzung des tatsächlichen geringeren Wertes ist also nicht nur statthaft, sondern eigentlich das Normale. Es ist keine Rede davon, daß der Friedenspreis in der Bilanz zum Vorschein kommen muß (vgl. Staub a. a. O. Anm. 36 zu § 261). § 261 Ziff. 3 bedeutet gegenüber § 40 HGB. nur eine Erleichterungsvorschrift zugunsten der Aktiengesellschaft, die es ihr gestattet, zum Zwecke einer erhöhten Dividendenausschüttung unter Umständen einen höheren als den wahren Geschäftswert in die Bilanz einzustellen (vgl. Staub a. a. O. Anm. 35). Eine Abschreibung auf den Wert des Unternehmens als Ganzen will die Vorschrift nicht nur nicht verhindern, sondern gebietet sie geradezu. — Sie verlangt eine Berücksichtigung der Einziehung der fraglichen Betriebsmittel in Form einer Abschreibung oder eines Erneuerungsfonds. Gerade daraus, daß neben der Abschreibung auch ein Erneuerungsfonds eigens erwähnt ist, geht hervor, daß die Höhe desselben mit dem augenblicklichen Wert des betreffenden Bilanzaktivums gar nichts zu tun hat, vielmehr das Gesetz eine Gewährleistung dafür erheischt, daß das Betriebsmittel ohne Rücksicht auf den zu verteilenden Gewinn dem Unternehmen erhalten bleibt; demnach ist der Erneuerungsfonds einzusetzen, selbst wenn das fragliche Aktivum bereits auf Null abgeschrieben ist, unter der Voraussetzung, daß der Wert des Gesamtunternehmens durch die ungedeckte Erneuerungslast des einzelnen Aktivpostens herabgemindert ist. Dieser Erneuerungsfonds ist deshalb auch nicht, wie seitens des Reichsfinanzministers hartnäckig behauptet wird, ein Reservekonto, sondern ein Berichtigungsposten der insgesamt zu hoch angesetzten Aktiva (vgl. Staub a. a. O. Anm. 38 zu § 261). — Zu hoch angesetzt sind die Aktiva in ihrer Gesamtheit, weil ihre Entwertung durch die ungedeckte Erneuerungslast nicht in Rechnung gestellt ist und auf der Aktivseite der Bilanz nicht zum Ausdruck gebracht werden kann. Ihre Berichtigung durch einen Korrektivposten auf der Passivseite wird nach dem Dargelegten durch die ausdrückliche Gesetzesvorschrift des § 261 Ziff. 3 HGB. nicht verboten, sondern im Gegenteile geboten.

Es besteht somit leider Veranlassung sich nicht über den § 261 HGB. zu beklagen, der tatsächlich einer Berücksichtigung der Geldentwertung bei der Aufstellung der Bilanz gar nicht im Wege steht, sondern über die Steuerrichter, vor allem den hochverdienten Herrn Senats-Präsidenten Dr. Strutz, die einer freiheitlichen und doch gesetzentsprechenden Auslegung der von ihnen selbst aufgestellten Rechtsgrundsätze aus meines Erachtens nicht stichhaltigen Gründen entgegentreten. Der Trost, den Strutz in seinen Ausführungen der Industrie noch spenden will, daß sie ja auch ihre Steuern nur in Papiermark zahlen müsse, ist ein recht schwacher. Wird ihr der Papiermarkbetrag, den sie als Werkerhaltungskonto in die Bilanz eingestellt hat, unrichtigerweise als Gewinn weggesteuert, so ist es ganz gleichgültig, wieviel Goldmark im Frieden ihr Vermögen wert war. Die Warnung schließlich, die Strutz dem in der Industrie assoziierten Kapital zuruft, in seinen Forderungen auf Sonderberücksichtigung bei der Besteuerung den Bogen nicht zu überspannen, entbehrt vollends jeder sachlichen Grundlage. Es besteht nicht die mindeste Veranlassung, warum gerade der Einzelunternehmer durch die nach meinem Dafürhalten angesichts der Rechtsprechung des Reichsfinanzhofs überflüssigen Bestimmung des § 59a REStG. besser gestellt sein soll, wie die Körperschaft. Ist die Steuerfreiheit der Werkerhaltungskonten wirtschaftlich gerechtfertigt, so treiben die Industrie-Gesellschaften, wenn sie sie fordern, keine ungerechtfertigte Steuerersparungspolitik, sondern begehren nur, auf was alle Staatsbürger ohne Unterschiede ein verfassungsmäßiges Anrecht haben, nämlich Gleichheit vor dem Gesetze.

III.

Wesentlich kürzer kann ich zu den Ausführungen Stellung nehmen, die Reichsfinanzrat Dr. Spieß anläßlich des Erscheinens der Erkenntnisse des Reichsfinanzhofs vom 11. Januar 1921 in den „Mitteilungen der Steuerauskunftsstelle des Reichsverbands der deutschen Industrie" 4. Jahrgang Heft 2 S. 30ff. gemacht hat. Ich muß hier meine eingangs gemachte Bemerkung, daß auch Spieß für eine einschränkende Auslegung der gedachten Rechtsgrundsätze eintritt, dahin richtig stellen, daß Spieß erfreulicherweise anders als Strutz die Frage der Zulassung steuerfreier Wertberichtigungs-Konten in der neuesten Rechtsprechung des Reichsfinanzhofs im allgemeinen bejaht findet und nur in einem einzigen Punkt, nämlich bei der Bilanzierung des buchführenden Einzelkaufmannes bedenklich wird. Hier zeigt sich der merkwürdige Vorgang, daß die meines Erachtens überflüssige neue Vorschrift des § 59a REStG. doch noch unter einem Gesichtspunkt eine scheinbare Bedeutung gewinnen könnte. Spieß bemerkt nämlich Folgendes: Während die Körperschaften gemäß § 261 Nr. 3 HGB. und § 42 Nr. 1 GmbHG. ihre Anlagekonten auf keinen Fall **höher** als zum Anschaffungs- oder Herstellungspreis bewerten dürften, sei der Einzelkaufmann gehalten, dieselben nach § 40 HGB. und der im Anschluß daran ergangenen Rechtsprechung des preußischen Oberverwaltungsgerichts sowie des Reichsfinanzhofs — die neuesten Entscheidungen desselben sprechen sich zu diesem Punkte nicht aus — zum gegenwärtigen Verkaufswert in Rechnung zu stellen; § 139 Abs. 2 RAbgO., der sich inhaltlich mit § 261 Nr. 3 HGB. und § 42 Nr. 1 GmbHG. deckt, finde auf die Bilanzierung des buchführenden Einzelkaufmanns keine Anwendung. Sei nun deshalb der buchführende Einzelkaufmann verpflichtet infolge der Geldentwertung innerhalb eines Betriebsjahres seine Anlagekonten entsprechend höher zu bewerten, so könne er diese Erhöhung nicht sofort durch eine Abschreibung in gleicher Höhe wieder paralysieren; ein solches Verfahren käme einer Scheinbuchung gleich; eine derartige Wertberichtigung könnte nur durch eine Änderung des Gesetzes zugelassen werden, wie sie inzwischen tatsächlich durch § 59a REStG. erfolgt ist. Mir scheinen diese Darlegungen, soweit sie richtig sind, praktisch ohne große Bedeutung zu sein. Ohne weiteres gebe ich Spieß zu, daß ich seinen Standpunkt, § 139 Abs. 2 RAbgO. sei auf buchführende Einzelkaufleute nicht anwendbar, für zutreffend halte. Die Gegenargumente, die Neumann in den „Mitteilungen der Steuerauskunftstelle des Reichsverbands der deutschen Industrie" 3. Jahrgang Heft 4 S. 66 ff., 4. Jahrgang Heft 1 S. 9ff., Heft 2 S. 34, Heft 3 S. 49 gebracht hat, schlagen nicht durch: § 453 RAbgO. erklärt ausdrücklich die Bewertungsgrundsätze der Reichsabgabenordnung für die Kriegsabgabengesetze nicht für anwendbar, § 33 Abs. 2 REStG. verweist bei der Berechnung des Geschäftsgewinns buchführender Einzelkaufleute eigens auf die einschlägigen Vorschriften des Handelsgesetzbuchs, also auf § 40 HGB. und läßt als steuerrechtliche Sondervorschrift nur den § 15 REStG. zu; mit § 4 RAbgO. kann man gegen einen entgegenstehenden Gesetzeswortlaut nicht operieren. — Wenn aber demzufolge der buchführende Einzelkaufmann auch nach § 40 HGB. bilanzieren und sein Anlagekonto nach dem gegenwärtigen Verkaufswerte einsetzen muß, so kann es ihm trotzdem nicht verwehrt sein in einem Jahre rapider Inflation, wie es z. B. 1919 gewesen ist, die Wertsteigerung in gleicher Höhe wieder abzuschreiben, wenn die Neubeschaffung eines Betriebsmittels zu den jetzigen Preisen mehr oder minder nahe bevorsteht und die bisherigen normalen Abschreibungen hiezu nicht ausreichen. In diesem Falle braucht es sogar nicht bei dieser Abschreibung, ja nicht einmal bei der Abschreibung des betreffenden Aktivums auf Null sein Bewenden zu haben, vielmehr kann nach der von Spieß gebilligten neuesten Rechtsprechung des Reichsfinanzhofs das gesamte Unternehmen des Einzelkaufmanns so entwertet sein, daß über die gedachten Abschreibungen hinaus noch ein besonderes Werkerhaltungskonto in die Passivseite der Bilanz eingestellt werden darf. — Von einer „Scheinbuchung", wie Spieß meint, kann natürlich in einem solchen Falle nach seiner eigenen sonst vertretenen Meinung keine Rede sein. — Für die Frage der steuerfreien Werkerhaltungskonten ist es daher nach meiner Auffassung ganz gleichgültig, ob auch der buchführende Einzelkaufmann gemäß dem mit § 261 Ziff. 3 HGB. und § 42 Ziff. 1 GmbHG. inhaltsgleichen § 139 Abs. 2 RAbgO. bilanzieren darf oder nicht, welche Frage ich, wie dargelegt, mit Spieß im Gegensatz zu Neumann verneine; maßgebend ist lediglich, ob Abschreibungen irgendwelcher Art auf das einzelne, gleichviel in welcher Höhe bewertete Aktivum zu einer Neubeschaffung desselben bei gesunkenem Geldwerte ausreichen und eine Entwertung des Gesamtunternehmens hintanhalten; vermögen sie dies nicht, so darf wie ja Spieß selbst dankenswerterweise zugibt nach der neuesten Rechtsprechung des Reichsfinanzhofs, soweit nur die Aktiva in ihrer Gesamtheit **gesetzmäßig** d. h. bei einzelnen Kaufleuten nach § 40 HGB., bei Körperschaften nach § 261 HGB. und § 42 GmbHG. usw. eingestellt sind, auf der Passivseite ein entsprechendes steuerfreies Werkerhaltungskonto oder, wie Spieß es nennt, ein Valutafonds eingesetzt werden. — § 59a REStG., der die Steuerfreiheit der Wertberichtigungskonten für die Einkommensteuer physischer Personen, also insbesondere buchführender Einzelkaufleute nachträglich noch einmal eigens sanktioniert hat, wäre aber dann, wie von mir schon immer behauptet, nach wie vor überflüssig und vermöchte ja zudem bei den anderen Steuergesetzen, wie z. B. dem den Entscheidungen des Reichsfinanzhofs vom 11. Januar 1921 zugrunde liegenden Kriegssteuergesetz von 1916, ohnehin nicht zu helfen.

Im übrigen kann aber die Stellungnahme von Spieß zu den

Erkenntnissen des Reichsfinanzhofs vom 11. Januar 1921, wie gesagt, nur warm begrüßt werden. Man kann mit ihm einiggehen, daß der gesetzmäßige Ansatz der Bilanz-Aktiva, welchen Begriff er glücklicherweise viel weiter faßt wie Strutz, die Voraussetzung für die Einstellung eines Werkerhaltungskontos bildet, daß die Ertragsfähigkeit des Unternehmens zugrunde gelegt werden muß und daß hiebei der sogenannte „Goodwil", d. i. der innere Wert des Geschäftes, nicht als besonderes Aktivum in der Bilanz erscheint, was ohnehin selten vorkommen dürfte, sondern als werterhöhendes Moment in den Einzelwerten der Bilanz enthalten sein kann. Beherzigenswert ist auch sein im Anschluß an das zweite Urteil des Reichsfinanzhofs vom 11. Januar 1921 gebrachter Hinweis darauf, daß der Nachweis der Zuhochbewertung der Gesamtaktiva, welcher die Voraussetzung für die Steuerfreiheit des Werkerhaltungskontos bildet, im Einzelfalle nicht leicht ist und den Steuerbehörden gegenüber immer **schlüssig** geführt werden muß, da der Steuerpflichtige sonst, wie in dem Falle dieses zweiten Urteils, die Nichtberücksichtigung des fraglichen Kontos riskiert. Mit diesem Hinweis allein hat Spieß dem rechtsuchenden Steuerzahler vielleicht schon mehr genützt wie Strutz dadurch, daß er die unter seiner Leitung aufgestellten Rechtsgrundsätze in seinen oben erwähnten und vielleicht widerlegten Ausführungen, wenn auch in der gewiß guten Absicht, voreiligen Schlußfolgerungen vorzubeugen, tatsächlich desavouierte.

IV.

Es ist anzunehmen, daß mit den Urteilen des Reichsfinanzhofs vom 11. Januar 1921 trotz ihres die bisherige Judikatur zusammenfassenden Inhalts in der Frage der Steuerfreiheit von Werkerhaltungskonten noch nicht das letzte Wort gesprochen ist. Wie bereits in meinem Aufsatz „Die steuerliche Behandlung der Werkerhaltungs-Konten" dargelegt, ist die Rechtslage durch den neuen § 59 a REStG. nicht klarer und nicht einheitlicher geworden. Daß es noch an Klarheit fehlt, beweist die Kontroverse, die offensichtlich zwischen Strutz und Spieß, Mitgliedern des gleichen erkennenden Senats des Reichsfinanzhofs besteht, daß mit ungleichem Maß gemessen wird, geht aus der bekannten Erklärung des Reichsfinanzministers anläßlich der Beratung des § 59 a REStG. hervor. Es würde eine große Ungerechtigkeit bedeuten, wenn die Werkerhaltungskonten lediglich bei der Einkommensteuer physischer Personen Berücksichtigung finden könnten, wie aus der einschränkenden Auslegung der Rechtsgrundsätze des Reichsfinanzhofs durch Strutz und aus den Worten des Reichsfinanzministers zu schließen wäre. Die deutsche Industrie, gleichviel ob sie in den Händen von Einzelunternehmern oder von Körperschaften ruht, hat ein Anrecht darauf, daß ihr der unter den gegenwärtigen Verhältnissen ohnehin fast unerträgliche Existenzkampf nicht noch mehr erschwert wird; würden die Werkerhaltungskonten tatsächlich nicht für steuerfrei erklärt, so wäre eine bedeutende Herabsetzung sämtlicher Dividenden und im Zusammenhang damit ein kolossaler Rückgang in allen Industriepapieren unausbleiblich. Die weitere Folge wäre, daß das Ausland, das so wie so schon unter Ausnützung unserer schlechten Valuta uns in jeder Weise auspowert, sich unserer Industrie in noch weit höherem Maße bemächtigt, als es ihm bisher schon möglich war. Was das bedeuten würde, braucht gar nicht näher erörtert werden. Gefordert muß aber werden, daß Gesetzgebung wie Rechtsprechung die nötige Einsicht haben und nicht aus mißverstandenem fiskalischen Interesse noch höhere Interessen schädigen. Konsule wie Richter mögen zusehen, daß unser armes schwergeprüftes Land nicht noch größeren Schaden leidet!

3. Die Geldentwertung als Kalkulationsproblem (Preistreibereistrafrecht)

von Rechtsanwalt **Dr. jur. et phil. et oec. publ. Rudolf Wassermann,**
München.

Die Geldentwertung beeinflußt — von weniger wichtigen Erscheinungen abgesehen, die hier nicht erörtert werden sollen — ganz besonders in zweifacher Weise die kaufmännische und industrielle Unternehmung.[1])

---

[1]) Im folgenden ist nur von den industriellen Unternehmungen die Rede. Das Problem spielt aber auch für den Großhändler (und selbst für den Einzelhandel) eine gewisse Rolle, allerdings nach einer anderen Richtung. Der Wert seiner Warenvorräte wird durch die mit der Geldentwertung Hand in Hand gehenden Wertschwankungen in außerordentlicher Weise beeinflußt. Das bringt die Frankfurter Zeitung in einer Aufsatzserie „Wertschwankungen und Bilanz" (Nr. 296, 297 und 300) sehr richtig wie wie folgt zum Ausdruck: „Die Tatsache, daß sie in Papiermark eingekauft sind und in Papiermark verkauft werden sollen, hindert nicht, daß die Periode der Wertschwankungen ihre bilanzmäßige Behandlung beeinflußt. Insbesondere wenn zwischen der Fertigstellung oder Vorlegung der Bilanz und dem Stichtag Umstände eingetreten sind, Preissenkungen oder Absatzstockungen, die den Geschäftswert der Waren niedriger erscheinen lassen, als den Markt- oder Anschaffungspreis, wird dem nach den Begriffen der Sorgfalt des ordentlichen Kaufmannes Rechnung getragen. Diese Spannung zwischen Marktpreis und vorsichtig geschätztem Geschäftswert hat natürlich in einer Zeit starker Preisschwankungen unter Umständen ein ganz anderes Ausmaß, wie wir es aus Friedenszeiten gewohnt waren. Man denke nur an den Fall, daß im Jahre 1920 ein Unternehmen im Mai seine Bilanz per 31. Dezember 1919 fertigstellte. In diese Zeit zwischen dem Bilanztag und der Fertigstellung fiel die erste große Absatzstockung nach dem Kriege mit der Folge heftiger Preisstürze auf manchen Gebieten. Für die im Mai noch unverkauften Vorräte mußte dann der Geschäftswert am 31. Dezember sehr viel niedriger erscheinen als der Marktwert an diesem Tage. Ganz ähnlich liegen die Verhältnisse auf vielen Gebieten des Warenmarktes auch in diesem Jahre. Der Kaufmann, der sich nicht künstlich reich rechnen will, wird also in einer Zeit der Preisunsicherheit immer besonders vorsichtig bei der Bewertung seiner Warenbestände vorgehen müssen und einen gewissen Spielraum für die möglichen Veränderungen des ungewissen Geschäftswertes schaffen. Das Verfahren der Bilanzierung hat sich in diesem Punkte gegenüber der Vorkriegszeit zwar nicht dem Wesen nach, wohl aber dem Grade nach geändert."

Dieses Risiko, das der Großhändler und bis zu einem gewissen Grade der Kleinhandel läuft, muß natürlich in der Ansetzung einer besonderen Risikoprämie für Entwertung der Warenvorräte — neben der allgemeinen Risikoprämie — und steuerrechtlich in der Form von Abschreibungen seine Berücksichtigung finden!

a) Es müssen Gegenstände des Betriebsvermögens (z. B. Arbeiterhäuser, Maschinen) mit Papiermark beschafft werden, bei deren Anschaffung jeder Vernünftige sich klar darüber sein muß, daß ihr Wert in einigen Jahren, wenn sich unsere Valuta bessert, eine erhebliche Reduzierung erfahren muß, so daß ihr wirklicher Wert (ihr „gemeiner" Wert im Sinne des § 33a der Einkommensteuer-Novelle vom 24. März 1921), im Zeitpunkt der Anschaffung schon geringer ist als ihr Anschaffungspreis.

b) Die seinerzeit mit Goldmark beschafften Bestandteile des Betriebsvermögens erfahren allmählich eine Abnutzung. Die Wertminderung, die so an ihnen eintritt, kann in den üblichen normalen Abschreibungen in Prozenten des Anschaffungspreises (wobei die Abschreibung in Papiermark erfolgt, ohne daß berücksichtigt wird, daß die Anschaffung in Goldmark erfolgte) nicht genügend zum Ausdruck gebracht werden.

Diese Vorgänge sind bisher, von gelegentlichen Bemerkungen abgesehen, nur vom Standpunkt der steuerlichen Erfassung der Gewinne betrachtet worden. Mit Recht hat darum der Professor an der Handelshochschule München Dr. Mahlberg in einem Aufsatz in den Münchener Neuesten Nachrichten („Einkommensteuer und Erneuerungskonto" Nr. 173 vom 23. April 1921) bemerkt: „Die bisherige öffentliche Behandlung der Frage lediglich in Ansehung der Steuer scheint mir das Problem zu verschieben, denn wichtiger als alle Steuerfragen dürfte doch für jedes Unternehmen die betriebswirtschaftliche Richtigkeit der Bilanz sein, da die Bilanz doch nicht in erster Linie aus steuerrechtlichen Gründen aufgemacht wird, sondern um den Interessen des Unternehmens zu dienen."

Im Folgenden soll der Versuch gemacht werden die in Frage kommenden Vorgänge unter diesem Gesichtspunkte und damit auch unter dem Gesichtspunkt der Kalkulation zu erfassen.

Ein Gewinn im Sinne des Handelsgesetzbuches liegt erst dann vor, wenn, nachdem sämtliche Vermögensgegenstände und Schulden nach dem Wert angesetzt sind, der ihnen an dem Zeitpunkt beizulegen ist, für welchen die Aufstellung der Bilanz stattfindet, noch ein Überschuß verbleibt (§ 40 HGB.). Wenn der § 261 für die AG. und ähnlich das GmbHGesetz noch besondere Vorschriften aufstellt, so haben diese nur die Bedeutung, daß gewisse Gegenstände des Betriebsvermögens, auch wenn sie zur Zeit der Bilanz einen höheren Wert haben als ihr Anschaffungspreis, aus Gründen des Schutzes der Aktionäre doch nicht höher bewertet werden dürfen, als ihr Anschaffungspreis.

Zu a) (Neuanschaffungen von überteuerten Betriebsgegenständen).

Es kann in diesem Zusammenhange dahingestellt bleiben, ob der § 33a der Einkommensteuernovelle der ratio des Gesetzgebers seine Entstehung verdankt, daß die dort gekennzeichneten Verluste schon im Moment des Erwerbs der Gegenstände eingetreten sind oder ob der Gesetzgeber der Meinung ist, daß sie allerdings mit einer an Sicherheit grenzenden Wahrscheinlichkeit erst in Zukunft eintreten werden. Im ersteren Falle — und es spricht sehr viel dafür, daß der Gesetzgeber von der ersteren Alternative ausgeht — ist die Summe, um die der Anschaffungspreis von Gegenständen hinter dem „gemeinen" Wert zurückbleibt, unter den Gestehungskosten des Betriebs in Ansatz zu bringen. Im letzteren Falle ist der gleiche Betrag als Risikoprämie bei der Kalkulation zu berücksichtigen. Für die letztere Eventualität vgl. die Äußerungen der Handelskammern Augsburg, Bonn, Ludwigshafen, Flechtheim, Bankarchiv 1921 S. 157 und Gerstner in Vossische Zeitung 1921 Nr. 29. Wie das im einzelnen gemeint ist, bringt klar die Begründung des Antrags Nr. 41 (der von Mitgliedern der Regierungsparteien aber offenbar mit Unterstützung der Regierungsreferenten ausgearbeitet wurde, vgl. Drucksache Nr. 1710 des Reichstags S. 2, 9, 53) zur Regierungsvorlage der Einkommensteuernovelle an folgendem Beispiel zum Ausdruck: „So ist z. B. die Norm aufgestellt worden, als dauernden gemeinen Wert bei der Errichtung von Wohnhäusern bei etwa 15facher Verteuerung der Baukosten etwa den $2^1/_2$fachen Friedensbeschaffungswert anzunehmen und alle darüber hinausgehenden Aufwendungen als verlorene Aufwendungen zu betrachten." [1])

Es wäre also im Einzelfalle zu prüfen, wie hoch sich bei jetzt erstellten Wohnhäusern die Gestehungskosten im Frieden gestellt hätten. Der so gefundene Betrag (a) ist mit $2^1/_2$ zu multiplizieren, von den tatsächlichen heutigen Gestehungskosten in Papiermark (b) zu subtrahieren, so daß sich für die Risikoprämie für Überteuerung bei Bauten (R_1) ergibt: $R_1 = b - 2^1/_2\,a$. Ist die Annahme des Vereins deutscher Maschinenbauanstalten (vgl. dessen Leitsätze für Bilanzierung und Abschreibungen im Maschinenbau unter Berücksichtigung der Geldentwertung, abgedruckt auch bei Brönner S. 30 ff.) richtig, daß b das 20—30fache von a ist und geht man vorsichtigerweise zunächst davon aus, daß nur der 20fache Betrag zugrunde zu legen ist, so ergibt sich folgende Gleichung:

$$b = 20\,a$$
$$a = b/20$$
$$2^1/_2\,a = {}^5/_2 \cdot b/20$$
$$2^1/_2\,a = {}^5/_{40}\,b$$
$$2^1/_2\,a = {}^1/_8\,b$$

Setzt man diesen Betrag in die erste Gleichung ein, lautet die Formel nunmehr $R_1 = b - {}^1/_8\,b$
$= {}^7/_8\,b$

[1]) a. a. O. S. 53. Die Behauptung Brönners (S. 15), diese Sätze fänden sich in der Begründung zur „Regierungsvorlage", ist eine ungenaue Ausdrucksweise (s. oben) oder beruht auf einem Mißverständnis. In der Regierungsvorlage (Drucksache Nr. 1205 = Entwurf des deutschen Reichstags 1920 Nr. 18) findet sich hievon nichts.

oder anders ausgedrückt $^7/_8$ des Anschaffungspreises von Wohnhäusern stellen sich als Überteuerung dar.

Geht man davon aus, daß die Überteuerung bei Maschinen das 15—20fache des Friedenspreises beträgt und legt auch hier nur das 15fache zugrunde und ebenso wie oben, daß der dauernde gemeine Wert der Maschine ebenfalls der $2^1/_2$fache des Friedensanschaffungspreises ist, so ergibt sich bei Kenntnis des Anschaffungspreises (b) folgende Formel für die Risikoprämie für Überteuerung bei Maschinen (R_2) ·

$$R_2 = b - b/_{15} \cdot 2^1/_2$$
$$= b - {}^1/_6 b$$
$$= {}^5/_6 b$$

oder anders ausgedrückt $^5/_6$ des Anschaffungspreises von Maschinen stellen sich als Überteuerung dar. Es bedarf wohl keines besonderen Hinweises, daß, wenn eine Risikoprämie in dieser Höhe in die Bilanz eingesetzt und demgemäß auch bei der Kalkulation berücksichtigt wird, bis zu dem Betrag der Einsetzung natürlich nicht nochmals Abschreibungen erfolgen dürfen. Dieser Gedanke schwebt auch offenbar dem Steuergesetzgeber vor, wenn er in dem Schlußsatz des § 33a sagt: in diesem Falle (d. h. wenn an Stelle des „Herstellungspreises eines Gegenstandes" dessen gemeiner Wert eingesetzt wird) ist der für den Schluß eines Wirtschaftsjahres angesetzte Wert als Wert der Gegenstände am Beginne des folgenden Wirtschaftsjahrs in Ansatz zu bringen, wie es andererseits auch selbstverständlich ist, daß, soweit Abschreibungen im Sinne des § 59a der Einkommensteuernovelle erfolgt sind, diese auf den Betrag der Überteuerung in Anrechnung kommen müssen, was der Schlußsatz des § 59a Abs. I zum Ausdruck bringt. Es entbehrt nicht des Interesses, daß sich schon vor Deutschland Österreich (Staatsgesetzblatt für die Republik Österreich 1920 S. 1315) und die Tschechoslowakei (wo nach Mitteilung Hausmanns im Bankarchiv 1921 S. 157 ein Gesetzentwurf vorliegt) entschlossen haben Steuerbegünstigungen für Wohnungsbauten und Bauten von Betriebsunternehmungen zu gewähren, ebenso wie für die Erneuerung alter und Aufstellung neuer Maschinen, offenbar von der gleichen Erwägung ausgehend wie der deutsche Gesetzgeber, der sein fiskalisches Herz sicher nicht zum Schweigen gebracht hätte, wenn nicht die Tatsachen eine allzu laute Sprache gesprochen hätten. Wenn auch an sich ganz gewiß nicht jede steuerrechtliche Regelung präjudiziell sein kann für die rechtliche und wirtschaftliche Beurteilung im Sinne der Betriebswissenschaft und der Kalkulation, so kann doch andererseits nicht übersehen werden, daß, falls der Gesetzgeber die Dinge nicht so beurteilt hätte, wie dies dargestellt ist, er auf die Steuererträge nie und nimmer Verzicht geleistet hätte!

Daß diese gesetzliche Regelung steuerrechtlich — ausdrücklich — nur für den Einzelkaufmann getroffen ist, nicht für die juristischen

Personen, kann natürlich vom Standpunkte der Kalkulation nichts bedeuten. Die ratio legis und die ihr zugrunde liegenden Tatsachen erfahren hiedurch keine Änderung und würden auch keine solche erfahren, wenn auch nicht die Rechtsprechung des Reichsfinanzhofes ähnliche Grundsätze hinsichtlich der juristischen Personen aufgestellt hätt.

Zu b) (Abnützung der vorhandenen Betriebsgegenstände).

Zu den Selbstkosten eines Unternehmens gehören nicht nur die Barauslagen, sondern auch die Aufwendungen, die darin zum Ausdruck kommen, daß die vorhandenen Werte allmählich konsumiert werden (infolge Abnutzung vgl. § 261 Ziff. 3 HGB.). Diese Selbstkosten fanden im Frieden zumeist ihren Ausdruck in den sogenannten echten Abschreibungen. Diese Abschreibungen haben, bilanzrechtlich betrachtet, mit der Ersatzbeschaffung, von der später die Rede sein wird, eigentlich nichts zu tun.

Denselben Gedanken bringt Rehm[1]) in der 2. Auflage seines Buches „Die Bilanzen" (S. 201) folgendermaßen zum Ausdruck: „Ehe nicht die notwendigen Abschreibungen erfolgten, liegt rechtmäßigerweise überhaupt kein bilanzmäßiger Reingewinn, keine rechtmäßig aufgestellte Bilanz vor. Notwendige Abschreibungen müssen auch geschehen, wenn kein Betriebsgewinn erzielt wird; sie erhöhen dann eben den Verlustsaldo. Ihre Vornahme zu unterlassen oder sie in geringerem Maße, als der tatsächlichen Wertminderung entspricht, zu effektuieren, damit nicht Verlust oder niedriger Reingewinn entsteht, das alles läuft der gesetzlichen Bestimmung zuwider, daß kein Aktivum über seinem wahren Wert angesetzt und am Schlusse der Bilanz nur Reingewinn ausgewiesen werden darf."

1. Es ist selbstverständlich, daß die alljährlich eintretende Wertminderung wie jeder andere Vorgang auch in Papiermark zum Ausdruck kommen muß, also vielleicht mit dem 10—20fachen Be-

---

[1]) Fußnote 3 bei Rehm: OVG. in Staatssteuer. 13, 225. Fischer II 50 ff. erblickt in der wirtschaftlichen Abschreibung nicht Wegtilgung eines bereits eingetretenen, sondern Vorwegtilgung eines künftigen Verlustes. Der Gebrauchsgegenstand erleide eine Wertminderung erst im Momente völliger Unbrauchbarkeit, also bei Außerdienststellung. Durch die Abschreibung werde dieser Verlust auf die Jahre verteilt, die von der Brauchbarkeit Vorteil hatten. Zukünftiger Verlust werde um der Erfolgsregulierung willen vorgezogen. Das Abschreibungs- oder Erneuerungskonto sei ein Verlustverteilungskonto, ein antizipierendes Verlustkonto. Allein dies wäre dann ein freiwilliges Vorziehen, denn vorgezogen werden muß nur der bereits verursachte Verlust (§ 26). Nur gegenwärtige Verluste müssen bewertet werden. Fischer zieht auch die Konsequenz, daß, weil das Vorziehen freiwillig ist, in ungünstigen Jahren Abschreibungen unterlassen, ja sogar frühere zurückgenommen werden dürfen. Allein die ganze Auffassung Fischers ist unrichtig. Der Gebrauchswert eines Pferdes usw. nimmt mit den Jahren und mit der Anstrengung ab. Also liegt schon gegenwärtige Wertminderung vor. Daher ist die Abschreibung keine freiwillige, nicht Reservebildung für künftigen Verlust. S. auch Reisch II § 282.

trag der Summe, die im Frieden normalerweise abgeschrieben wurde (Brönner nennt a. a. O. S. 47 beispielsweise den 15fachen Betrag), wobei dann richtigerweise das Objekt, an dem abgeschrieben wird, allerdings auch in Papiermark auszudrücken wäre, was sich jedoch in der regulären Bilanz vielfach in Hinblick auf § 261 HGB. verbieten wird.[1]) Der so abzuschreibende Betrag, ganz gleichgültig, ob er unter Abschreibungen erscheint oder auf einem Erneuerungskonto vorgetragen ist (letzteres Verfahren ist, wissenschaftlich betrachtet, eigentlich falsch), stellt sich als Selbstkosten dar.

2. Damit steht nur in losem Zusammenhange, daß Hand in Hand mit der Abnützung das Risiko geht, in einem früheren oder späteren Zeitpunkt zu Neuanschaffungen schreiten zu müssen (insoweit berühren sich die folgenden Darlegungen mit den Ausführungen zu a, wo sie auch ebensogut hätten vorgetragen werden können). Es ist ohne weiteres klar, daß nach denselben Grundsätzen, wie zu a gezeigt, ebenfalls eine Risikoprämie in Ansatz kommen muß. Dies bringt der Gesetzgeber in § 59 a der Einkommensteuergesetznovelle dadurch zum Ausdruck, daß er im ersten Satz bestimmt, daß für die den gemeinen Wert voraussichtlich übersteigenden Mehrkosten eine steuerfreie Rücklage gestattet ist, die selbstverständlich unter Umständen auch auf mehrere Jahre verteilt werden kann. Damit sieht der Steuergesetzgeber im übrigen nichts durchaus Neues vor, denn schon im Handelsgesetzbuch findet sich der Begriff des Erneuerungsfonds.

Zu 1. Daß der Vorgang zu 1 auch nach den Grundsätzen der Preistreibereiverordnung zulässig ist, lehrt schon folgende Erwägung:

Der Vorgang der von uns geschilderten Entwertung, der sich vollzieht, ist derselbe, wie wenn der Unternehmer dazu übergehen würde die vorhandenen Betriebseinrichtungen zum Tagespreis zu veräußern, nur daß sich der Vorgang allmählich — gewissermaßen ratenweise — vollzieht. Da das, was „veräußert" wird, keine Ware für den Unternehmer ist, kann dieser Veräußerungsvorgang auch nicht nach den Grundsätzen der Preistreibereiverordnung beurteilt werden und wie das Reichswirtschaftsministerium es für zulässig erklärt hat, bei den Inventarveräußerungen im ganzen den Verkehrswert zugrunde zu legen, muß dies auch zulässig sein bei den Abnützungsvorgängen, wie sie sich teilweise vollziehen.

Wir haben dabei einen Erlaß des Reichswirtschaftsministers I/5 11 198 im Auge, der in den Mitteilungen für Preisprüfungsstellen zum Abdruck gebracht ist (1921 S. 18). Dieser Erlaß lautet folgendermaßen: „Die Preistreibereiverordnung findet auf Geschäfte jeder Art, insbesondere auch auf solche von Nichtkaufleuten Anwendung. Jedoch besteht zwischen diesen und den in Betrieben gewerblicher Unternehmer vorgenommenen Verkäufen ein grund-

---

[1]) So daß die Abänderung dieser Bestimmung zu fordern wäre. Vgl. die folgende Abhandlung.

sätzlicher Unterschied. Soweit im Handelsgewerbe Waren erworben werden, um diese weiterzuveräußern, steht der Erwerb zum Verkauf im Verhältnis von Mittel und Zweck, desgleichen die Aufwendungen und der Verkauferlös. Die von einem Kaufmann zum Zwecke der Weiterveräußerung mit Gewinn erworbene Ware bleibt für ihn immer Ware, d. h. Handelsgegenstand. Das Gleiche gilt bezüglich der von einem Nichtkaufmann von vorneherein zu gelegentlichen Veräußerungsgeschäften erworbenen Gegenstände. Die ohne Veräußerungsabsicht von einem Nichtkaufmann erworbenen sind dagegen im Verhältnis zum Eigentümer nicht Handelsgegenstände. Während der vorgenommene Ankauf zum Zwecke des alsbaldigen Weiterverkaufs die Erzielung eines Unternehmergewinns durch die Veräußerung dieser Ware selbst zum Zwecke hat, fällt ein solcher für die lediglich zum Gebrauch erworbenen Gegenstände fort. Bei der Veräußerung dieser kann daher die sonst übliche Berechnung der Gestehungskosten nicht zugrundegelegt werden. „Kosten", die für derartige Gegenstände gemacht werden, „sind nicht Aufwendungen, die ein Erwerbsmittel zur Erzielung eines die Aufwendung überschießenden Erlöses als Gewinn betrafen, sondern Aufwendungen aus dem Bestand oder den Erträgnissen des Vermögens, die das Vermögen zunächst abschließend verminderten." Bei Veräußerung solcher Gegenstände können daher die Einstandspreise nicht als Gestehungskosten zugrunde gelegt werden, vielmehr ist davon auszugehen, daß „es sich um einen im bürgerlichen Verkehr vorgenommenen Verkauf handelt, der ebensogut die bloße Versilberung der Gegenstände wie einen Vermögensgewinn zum Ziel haben kann" (vgl. Urteil des Kammergerichts vom 1. November 1918, abgedruckt in der Juristischen Wochenschrift 1918 S. 830, ferner Urteil des Reichsgerichts vom 28. März 1916 IV 138/16, abgedruckt in der deutschen Juristenzeitung 1916 S. 633 ff.). Maßgeblich dafür, ob in dem geforderten Preis ein übermäßiger Gewinn enthalten ist, ist der den Gegenständen nach allgemeiner Verkehrsentscheidung innewohnende, von Preistreibereien nicht beeinflußte Verkehrswert. Soweit der geforderte oder erzielte Erlös diesen Verkehrswert überschreitet, muß er als übermäßig im Sinne der Preistreibereiverordnung angesehen werden.

Die gleichen Grundsätze, die für die Veräußerung von Gegenständen gelten, die ein Nichtkaufmann zum Gebrauch erworben hat, finden auch Anwendung bei der Veräußerung von Gegenständen, die ein Kaufmann zum Gebrauch innerhalb seines Handelsgewerbes angeschafft hat. Denn auch diese Anschaffungen bezwecken nicht die Erzielung eines Unternehmergewinns durch die Veräußerung dieser Gegenstände unmittelbar; auch bedeuten solche Gegenstände für den Kaufmann keine Ware. Ebensowenig wie von einem Unternehmergewinn die Rede sein kann, ist eine Ansetzung von allgemeinen oder besonderen Unkosten bei der Veräußerung der sachlichen Betriebsmittel möglich, da die

Aufwendungen für diese Gegenstände selbst einen Teil der Handelsunkosten des Unternehmens darstellen (vgl. Kammergericht a. a. O.). Kommt es daher aus irgendwelchen, beim Erwerb nicht vorgesehenen Gründen zu ihrer Veräußerung, so können die Anschaffungsmittel als Gestehungskosten nicht zugrunde gelegt werden."

Zu 2. Auch der Vorgang zu 2 stellt sich keineswegs als etwas Neues dar, wie sich bereits aus den Darlegungen zu a ergibt.

II.

Die obigen Darlegungen stehen durchaus in Einklang mit der Steuergesetzgebung und der Rechtsprechung des Reichsfinanzhofs. Wir denken dabei insbesondere an den ersten Leitsatz der Entscheidung vom 11. Januar 1921 I A 173/20, der folgendermaßen lautet: „Ein Erneuerungsfonds, welcher als steuerfreies Wertberichtigungskonto in Betracht kommt, dient nicht der Aufsparung eines Teiles des geschäftlichen Reingewinns, sondern soll nur den gesetzlich in die Bilanz einzustellenden Wert der Aktiva gegenüber einer früheren Höherbewertung durch Absetzung des Differenzbetrags zum Ausdruck bringen. Er bemißt sich also lediglich nach der Höhe der eingetretenen Wertminderung dieser Bilanzaktiva."

Unsere Stellungnahme zu diesem Satz kann nur lauten: Soweit sich der Erneuerungsfonds als steuerfreies Wertberichtigungskonto darstellt, kann es auch keinem Zweifel unterliegen, daß die in ihm aufgespeicherten Mittel sich als „Gestehungskosten" (bzw. Risikoprämie) im Sinne der Rechtsprechung des Reichsgerichts zur Preistreibereiverordnung darstellen. Von der gleichen Erwägung gehen offenbar die Ausführungsbestimmungen zu der „Verordnung über die schiedsgerichtliche Erhöhung von Preisen bei der Lieferung von elektrischen Arbeiten, Guß- und Leitungswasser" (Reichsanzeiger vom 14. Februar 1919 Nr. 41) aus.

Der zweite Leitsatz dieser Entscheidung lautet: „Es ist möglich, daß durch den Verlust eines einzelnen Bilanz-Aktivums, welches selbst naturgemäß nur bis auf Null abgeschrieben werden kann, **daneben** eine Entwertung des Gesamtunternehmens eintritt. Diese kann darin liegen, daß das verlorene Aktivum, weil es für den Betrieb unentbehrlich ist, zu einem seinen Anschaffungswert wesentlich übersteigenden Preise neu beschafft werden muß."

Auch dieser Satz erscheint durchaus zutreffend. Wenn man sich ihm anschließt, kommt man allerdings in den Fällen, die oben zu I b 2 dargelegt sind, zu dem Ergebnis, die eingetretene Wertminderung als **Gestehungskosten** und nicht, wie von uns im Beispiel geschehen, als Risikoprämie zu betrachten, eine Stellungnahme, die natürlich nur geeignet ist, unsere Darlegungen wesentlich zu unterstützen.

Es ist nicht ohne Bedeutung darzulegen, wie sich im übrigen diese Grundsätze des Reichsfinanzhofs mit Ausführungen der Strafsenate des Reichsgerichts in Einklang bringen lassen. Das Reichsgericht hat neuerdings anerkannt, daß ein auf dem Gesamtbetrieb lastendes Risiko, auch wenn es nur mit einem einzelnen Geschäft in Zusammenhang stehe, doch auch bei den anderen Geschäften in Rechnung gestellt werden dürfe. Das ergibt sich bereits aus dem Urteil des 4. Senats vom 28. November 1917 Entscheidungen des Reichsgerichts in Strafsachen Bd. 51 S. 289 (294) und vom 12. März 1918 Bd. 52 S. 3 (4), aber mit besonderer Deutlichkeit aus der Entscheidung vom 26. November 1920 (Bd. 55 S. 47), die das Valutarisiko behandelt. Von Bedeutung ist ferner, daß das Reichsgericht in einer noch unveröffentlichten Entscheidung vom 27. Dezember 1920 (1 D 1480/20) ein Urteil des Landgerichts Frankfurt am Main aufgehoben hat, in dem bei der Gewinnberechnung eines großindustriellen Betriebes nicht berücksichtigt war, daß die Fabrik vor dem Kriege eine große Hypothek in Schweizer Franken von einer Baseler Bank aufgenommen hatte (vgl. Alsberg, Valutarisiko und Preiswucher, Berliner Tagblatt Nr. 189 vom 23. April 1921). Welcher prinzipielle Unterschied soll nun darin bestehen, ob eine Gesamtwertminderung des Unternehmens dadurch eingetreten ist, daß die Maschinen abgenützt sind und erneuert werden müssen oder daß ein erhebliches Valutarisiko besteht? Diese Frage aufwerfen, heißt sie verneinen. Noch klarer kommen diese Gedanken in der Entscheidung des I. Strafsenats vom 15. März 1920 I D 872/19 (JW. 1920 S. 840) zum Ausdruck. Dort heißt es wörtlich: „So rechtfertigt der hohe Preisstand eine Erhöhung der Risikoprämie, indem die Fortführung des Geschäfts bei den stark gestiegenen Preisen unter einer erhöhten Gefahr des Verlustes aus einem Preisumschwung steht. Die Geldentwertung hat ferner Einfluß auf die Höhe des anzusetzenden Unternehmerlohns, da sie allgemein eine Erhöhung der für Arbeitsleistungen zu gewährenden Vergütung zur Folge hat; endlich kann sie nicht unberücksichtigt bleiben bei der Festsetzung des Unternehmergewinns, der der Bildung von Kapital dienen soll, das regelmäßig wieder für die Zwecke des Handelsgeschäfts aufgewendet zu werden pflegt (vgl. RGSt. 50, 205, 206; 51, 344, 349; 52, 105, 170, 172; 53, 119/120)."[1])

Den gleichen Gedanken hatten wir schon vor Erscheinen dieser

[1]) Demgegenüber kann nicht auf die Entscheidung des II. Senats 2 D 244/1919 vom 23. Sept. 1919 (auszugsweise mitgeteilt „Recht" 1919 S. 376 Nr. 546) verwiesen werden. Die im Recht wiedergegebenen Sätze beziehen sich nur auf einzelne Verkaufsgeschäfte, während die Begründung der Entscheidung hinsichtlich der Frage, inwieweit „Abschreibungen auf Wertminderung" bei der Beurteilung des Jahresgewinns Berücksichtigung verdienten, ausführt: Da die Revision keine näheren Ausführungen machte, „kann unerörtert bleiben, inwieweit überhaupt bei Unkostenberechnungen zu Feststellungen des übermäßigen Gewinns — die keine Bilanzaufstellungen sind — derartige Abschreibungen Berücksichtigung verdienen."

Entscheidung in einem Aufsatz „Kapitalmangel und Preistreibereiverordnung" Hans. RZ. 1920 Sp. 296 wie folgt formuliert:

„Das RG. hat schon bisher eine Berücksichtigung der Geldentwertung bei Bemessung des Unternehmerlohnes und des Reingewinns zugelassen (vgl. Alsberg, Preistreibereistrafrecht 5. Aufl. S. 40 und 43), wenn nicht in dem Umfang, als dies nunmehr notwendig erscheint, wohl nur deshalb, weil die Urteile, die dies aussprechen, aus einer Zeit stammen — 1918 —, in der die Geldentwertung nicht im entferntesten die Dimensionen angenommen als in unsern Tagen. Es wäre widersinnig, wenn das RG. den einmal aufgestellten Grundsatz aufgeben wollte, weil das von ihm anerkannte Bedürfnis wesentlich nachhaltiger sich bemerkbar macht. Täte es dies, würde es sich auch in Widerspruch setzen mit dem Vorkämpfer für seine Gedankengänge, RGR. Lobe, der auf Seite 49 seines Kommentars zur PreisTrV. ausdrücklich sagt, unter Reingewinn i. S. der VO. sei lediglich der, als Kapitalbildung dienende Gewinn zu verstehen, und der zweifellos zugeben wird, daß von einem zur Kapitalbildung dienenden Gewinn solange keine Rede sein kann, als nicht das gleiche Quantum Ware wieder beschafft ist, das veräußert wurde. Solange überhaupt kein Gewinn erzielt ist, kann ferner aber auch keine Rede davon sein, daß ein übermäßiger Gewinn in Frage kommen könnte."

Demgegenüber kann nicht eingewendet werden, daß das Reichsgericht auf dieser Bahn nicht in der heute erforderlichen Weise fortschreiten könne, weil es sonst dem Gesetzgeber Gewalt antun würde, der an eine Geldentwertung in dem Maße, wie sie eingetreten ist, seinerzeit bei Abfassung der VO. wohl kaum gedacht habe, was im übrigen schon deshalb zu bezweifeln ist, da vor Abfassung der Preistreibereiverordnung ähnliche Gedanken gelegentlich der Abfassung der Kriegssteuergesetze eine erhebliche Rolle gespielt haben. Der Wortlaut des § 1 PTV. sieht die Berücksichtigung der „gesamten Verhältnisse" vor und macht damit den Gerichten zur Pflicht, in jedem Zeitpunkt erneut zu prüfen, wie sich die „gesamten Verhältnisse" gestaltet haben und welche Berücksichtigung sie erheischen. Daß dies der klare Wille des Gesetzgebers ist, ergibt sich auch aus der Begründung. Dort heißt es, nachdem zunächst konstatiert ist, daß damals — im Jahre 1918 — eine normale Marktlage nicht existierte und daß sie deswegen nicht ausdrücklich erwähnt sei, wörtlich: „Selbstverständlich ist die Rechtsprechung aber trotz der Streichung verpflichtet, die Marktlage zu berücksichtigen, soweit sie als ordnungsmäßige noch vorhanden ist oder sich, wie zu erwarten ist, im weiteren Verlaufe der wirtschaftlichen Verhältnisse wieder einstellen wird. Diese Verpflichtung ergibt sich unmittelbar aus der Vorschrift, daß bei der Prüfung, ob eine Preisforderung einen übermäßigen Gewinn enthält, die ‚gesamten Verhältnisse' zu berücksichtigen sind." Genau dasselbe muß von der Geldentwertung gelten. Es wäre nicht zu verstehen, warum sich die Pflicht einer Berücksichtigung der zukünftigen Marktlage aus dem Gesetz ergeben sollte und die Berücksichtigung der zukünftigen Geldentwertung nicht!

Aber noch ein anderer Gesichtspunkt drängt hiezu: Wir haben oben gezeigt, daß unsere ganze Gesetzgebung und Rechtsprechung die Frage, wann ein bilanzmäßiger Gewinn vorliegt, in einheitlicher Weise beurteilt. Demgemäß sind auch die einzelnen Gesetzesprodukte formuliert worden. Es kann nicht angenommen werden — ohne triftige Gründe —, daß der Gesetzgeber bei einem einzigen Gesetz von Anschauungen ausgegangen ist, die mit seinen sonstigen Anschauungen in diametralem Gegensatz stehen. Das würde auch in Widerspruch stehen mit dem sonst unser Recht durchziehenden Satz von der Einheit des Rechts.

Über diesen Satz macht Honig in seiner Habilitationsschrift, Die Einwilligung des Verletzten (Mannheim 1919 S. 97) folgende zutreffende Ausführungen: „Bekanntlich bedeutet der Satz von der Einheit des Rechts, daß jeder positive Rechtssatz sich zu allen anderen fügen, zur Ergänzung aller anderen dienen muß, daß jeder Rechtssatz zur Auslegung aller anderen verwertet werden kann und daß sie nicht in der Weise angewendet werden dürfen, daß ein Widerspruch zwischen ihnen besteht." Der Bedeutung jenes Satzes für die Frage nach der Rechtswidrigkeit strafbarer Handlungen hat Adolf Merkel mit klassischen Worten Ausdruck verliehen: „Wo immer . . eine Handlung durch eine Rechtsbestimmung geboten oder als eine erlaubte bezeichnet wird, da entfällt ohne weiteres die Möglichkeit, dieselbe zugleich auf Grund eines Strafgesetzes als rechtswidrig und strafbar zu bezeichnen." Und umgekehrt (von der Seite des Verbots aus) sagt Zitelmann: „Ist eine Handlung durch irgend einen Rechtssatz in irgend einem Rechtsteil verboten, so ist sie eben verboten."[1])

Demgemäß heißt es auch im Kommissionsentwurf des deutschen Strafgesetzbuches: „Nicht strafbar ist eine Handlung, deren Rechtswidrigkeit durch das öffentliche oder bürgerliche Recht ausgeschlossen ist." Vgl. Ebermayer, Entwurf S. 19.

III.

Wenn demgegenüber von durchaus beachtenswerten Autoren z. B. von Flechtheim eingewendet wird, eine Berücksichtigung der Geldentwertung in dem angegebenen Sinne, würde zu einer Schädigung der Verbraucher und zu einem Verschwinden der Dividende führen, so ist darauf folgendes zu antworten: Die Dividendenbezieher werden ihre Rechte zu wahren verstehen, außerdem spielen bei den leitenden Persönlichkeiten meist so zahlreiche Momente, die

[1]) Zitelmann, Arch. f. ziv. Praxis 99 (1906) S. 11. Vgl. zur Frage der Einheit der Rechtssätze auch Ahrens, Geschäftsführung ohne Auftrag, S. 1ff.

mit dem Erträgnis der Gesellschaften in Zusammenhang stehen (Tantiemen, Kurs der Aktien) eine derart ausschlaggebende Rolle, daß über das Maß des Notwendigen hinaus Rückstellungen nicht erfolgen werden und eher die Gefahr besteht, daß sie trotz der Möglichkeit hiezu unterbleiben.

Was die Verbraucher betrifft, so wird zweierlei übersehen. Erstens, daß auch schon bisher in allen soliden Unternehmungen, wenn auch unter anderem Titel, die Geldentwertung weitgehend berücksichtigt worden ist und daß in den Unternehmen, die sie nicht berücksichtigen wollen und können, kaum ein wesentlicher Umschwung eintreten wird, so daß sich also in der Tat keine allzu große Veränderung vollziehen wird. Zweitens, daß die wiederkehrende Marktlage schon dafür sorgt, daß die Berücksichtigung nur bis zu einem gewissen Grade geschehen kann.[1])

Abgesehen davon sind diese Erwägungen reine Opportunitätserwägungen, die an der Richtigkeit des einmal gewonnenen Standpunktes nichts zu ändern vermögen. Endlich stehen diesen Erwägungen volkswirtschaftliche Argumente von weit größerer Tragweite entgegen. Wenn wir nicht dafür sorgen, daß unsere Betriebe in ihrer Substanz erhalten bleiben und eine entsprechende Dividende bezahlen, dann riskieren wir, daß der eintretende Kurssturz es dem Ausland erleichtert, allmählich Herr der ganzen deutschen Industrie zu werden; das ist auch nach der Ansicht amtlicher Kreise der Grund, warum von seiten des Auslands so Sturm gelaufen wird gegen die erhöhten Erträgnisse unserer Aktiengesellschaften.[2]) Somit klingen diese Ausführungen in demselben Gedanken aus, mit dem Mayer oben seine Darlegungen beschließt.

---

[1]) Vgl. hiezu Mitteilungen für Preisprüfungsstellen 1920 S. 181 und 1921 S. 46, sowie Wassermann in zahlreichen Aufsätzen.

[2]) Vgl. hiezu die unten abgedruckten Ausführungen „Scheinwerte der deutschen Industrie" der halbamtlichen Industrie- und Handelszeitung vom 20. und 21. April 1921 (Nr. 91 und 92).

4. Die Berücksichtigung der Geldentwertung in der Einkommensteuer-Novelle vom 24. März 1921 und die Reform der bilanzrechtlichen Vorschriften des Handelsgesetzbuchs

von Dr. jur. et phil. et oec. publ. **Rudolf Wassermann**, Rechtsanwalt in München.

In zweifacher Weise sieht die Einkommensteuer-Novelle eine Berücksichtigung der Geldentwertung vor. Um von einem konkreten Beispiel und zugleich dem wichtigsten Fall auszugehen, gestattet § 33a dem Industriellen bei neuangeschafften Maschinen die Abschreibung auf den „gemeinen Wert", das ist den Wert, der anzulegen wäre, wenn wir wieder zur Goldwährung zurückgekehrt wären (also das etwa $2\frac{1}{2}$fache des Friedenspreises), so daß eine sofortige Abschreibung bei Neuanschaffungen von etwa $\frac{5}{6}$ des derzeitigen Papier-Marktpreises schon im Moment der Anschaffung als zulässig erscheint.

Was die bereits vorhandenen (vielfach mit Gold beschafften) Maschinen anlangt, so gestattet § 59a die Bildung einer Rücklage, kurz gesagt in derselben Höhe, wie Abschreibungen bei neuangeschafften Maschinen zulässig wären; denn nichts anderes sind die Kosten, die „zur Ersatzbeschaffung der zum ..... Anlagekapital gehörigen Gegenstände über den Gemeinwert der Ersatzgegenstände hinaus voraussichtlich aufgewendet werden müssen", die der Gesetzgeber mit dem knappen Ausdruck „Mehrkosten" bezeichnet.

Dem Gesetzgeber war offenbar klar, daß diese Regelung keineswegs vollkommen und daß sie nicht ohne weiteres mit der derzeitigen Art der Aufstellung der Bilanzen in Einklang zu bringen ist. Wenigstens deutet darauf der Umstand hin, daß dem Reichsminister der Finanzen zugestanden worden ist, die zur Durchführung dieser Vorschriften erforderlichen Bestimmungen zu erlassen, was bis jetzt noch nicht geschehen ist. Im Reichswirtschaftsrat reifte die Erkenntnis — allerdings nachdem das Gesetz bereits verabschiedet war — noch weiter. Dort wurden Stimmen laut, daß die Bilanzvorschriften des Handelsgesetzbuchs nunmehr reformbedürftig geworden seien, ohne daß indessen bisher bekannt gewesen wäre, welche Vorschriften man im Auge hätte und warum.

Im folgenden soll eine Kritik an der gesetzlichen Regelung geübt werden, die von selbst dazu führen wird, zu zeigen, inwieweit durch „Richtlinien" dem derzeitigen Zustand abgeholfen werden kann und inwieweit eine Änderung der Bestimmungen unseres Handelsgesetzbuches notwendig erscheint.

1. Der § 33a hat die Bedeutung, daß, wenn nach der in ihm enthaltenen Ermächtigung die kaufmännische Bilanz aufgestellt wird (also nicht eine eigene Steuerbilanz errichtet wird), der erste Satz des § 40 des Handelsgesetzbuchs verletzt wird, welcher lautet: Die Bilanz ist in Reichswährung aufzustellen. Reichswährung ist, zurzeit wenigstens, die Papiermark. § 33a gestattet aber die Einstellung neuangeschaffter Maschinen zum wahrscheinlich zukünftigen Goldwert; denn hierauf läuft letzten Endes das geübte Verfahren hinaus.

2. § 59a liegt der gesetzgeberische Gedanke zugrunde, daß der Umstand, daß die bereits vorhandenen Maschinen in Papiermark wieder neu beschafft werden müßten, Rückstellungen erforderlich machen, die weit über das hinausgehen, was an einer mit Goldmark beschafften Maschine abgeschrieben werden kann. Der Reichsfinanzhof hatte sich — in einer meines Erachtens wesentlich glücklichen Weise — um dem gleichen Übelstand zu begegnen, damit geholfen, daß er die Höhe der zulässigen Abschreibung nach der für das Unternehmen eintretenden „Gesamtentwertung" bemaß, die man letzten Endes zutreffend auf die Mehrkosten im Sinne des § 59a zurückführen kann. Wäre der Gesetzgeber ebenso verfahren, so wäre ihm kaum entgangen, daß nun folgender Zwiespalt zwischen Einkommensteuer-Novelle und Handelsgesetzbuch klafft. Durch die Schaffung eines Erneuerungsfonds im Sinne des § 59a, der in Wirklichkeit nichts anderes ist, als eine Gesamtabschreibung im Sinne der Rechtsprechung des Reichsfinanzhofs, wird der Wert der vorhandenen Maschinen auf der Passiv-Seite der Bilanz auf die Goldmark — der wiederkehrenden erstarkenden Valuta (wie oben schon dargelegt, vielleicht das 2½fache des Friedenswerts) zurückgeführt, während auf der Aktiv-Seite der Bilanz, soweit diese Maschinen im Frieden beschafft sind, noch an der Friedensmark, soweit sie später beschafft sind, an allmählich sich der Papiermark nähernden Werten festgehalten wird.

Soll also nicht gegen den Geist des § 40 des Handelsgesetzbuches verstoßen werden, ist es unbedingt erforderlich, daß auch auf der Aktivseite die vorhandenen Maschinen (selbstverständlich unter Berücksichtigung der Abnützung) nach ihren „gemeinen Wert" im Sinne des § 59a (zukünftiger Goldwert) eingesetzt werden. Das verbietet nun allerdings der § 40 Satz 1 des Handelsgesetzbuchs, weshalb er zu streichen ist. So lange dies nicht geschehen ist, bleibt folgender Ausweg. Die Richtlinien des Reichswirtschaftsministers müssen bestimmen, daß der Erneuerungsfonds sich um den Betrag der Differenz vermindert, die zwischen dem Wert, zu dem die zum Anlagekapital gehörigen Gegenstände in die Bilanz eingesetzt sind, und dem „dauernden Wert" im Sinne des § 59a dieser Gegenstände besteht.

Ein Beispiel, das an ein bei Erter-Koppe, Die Einkommensteuer-Novelle (S. 205) gewähltes Beispiel anknüpft, möge dies verdeutlichen:

Anlagekapital ist lediglich eine Maschine, die mit 5000 ℳ im Jahr 1913 beschafft worden ist und demnächst erneuert werden muß. Ihr Anschaffungspreis beträgt heute 75000 ℳ. Es wird angenommen, daß dieselbe Maschine im Jahr 1930 nach Wiederherstellung der Goldparität mit 15000 ℳ wieder zu beschaffen wäre, daß also ihr „gemeiner Wert" im Sinne des § 59a 15000 ℳ beträgt. Demgemäß könnten nach § 59a in den Erneuerungsfonds 60000 ℳ gestellt werden (75000 — 15000 ℳ) so daß sich, wenn die Maschine auf der Aktivseite auf 1 ℳ abgeschrieben ist, tatsächlich ein Passivum von 59999 ℳ ergeben würde, um welchen Betrag sich der bilanzmäßig ausgewiesene Gewinn und damit die Steuerschuldigkeit vermindert. Richtigerweise muß, wenn man annimmt, daß die Maschine heute noch die Hälfte ihrer ursprünglichen Anschaffungsbrauchbarkeit (das Wort „Wert" wird absichtlich vermieden) hat und andrerseits mit 1 ℳ zu Buch steht, folgendermaßen verfahren werden: Von den 60000 ℳ sind 7500 ℳ (= die Hälfte des „gemeinen Wertes" der Maschine, weil ja die Maschine nach unserer Annahme auch nur noch zur Hälfte brauchbar ist) minus 1 ℳ (= Buchwert) = 7499 ℳ zu kürzen, so daß also in den Erneuerungsfonds nur 52501 ℳ eingestellt werden dürfen.

3. Steht nun ein solches Verfahren — die Rückgängigmachung einmal vorgenommener Abschreibungen — denn darauf kommt der von mir gemachte Vorschlag im Endergebnis mit hinaus — nicht in Widerspruch mit dem angeblichen Grundsatz der Kontinuität der Bilanzen. Veit Simon ist dieser Ansicht gewesen und auf Seite 414 seines klassischen Werkes über die Bilanzen der Aktiengesellschaften und der Kommanditgesellschaften auf Aktien (3. Auflage 1899) führt er folgendes aus: „Unter den vielen tausenden Bilanzen inländischer und ausländischer Aktiengesellschaften, welche seitens des Verfassers geprüft worden sind, hat sich auch nicht eine einzige gefunden, welche den Wert der Betriebsgegenstände heraufgesetzt, bzw. die Abschreibungen wieder herabgesetzt hätte. Ein solches Verfahren würde in kaufmännischen Kreisen als ein schwindelhaftes angesehen werden, und es unterliegt für den Verfasser keinem Zweifel, daß nach Auffassung der beteiligten Kreise eine Erhöhung der früher festgestellten Werte der Betriebsgegenstände unzulässig ist, daß sich also ein wahres Handelsgewohnheitsrecht dieses Inhalts entwickelt hat."

Allein dieser Ansicht kann nicht beigepflichtet werden. Schon

Rehm ist ihr (in der 2. Auflage seiner Bilanzen S. 440) entgegengetreten, desgleichen Rudolf Fischer, Buchführung und Bilanzaufstellung S. 66, und Passow, Die Bilanzen der privaten und öffentlichen Unternehmungen, Band II 2. Aufl. S. 80, der mit Recht darauf hinweist, daß sich an keiner Stelle des Gesetzes eine derartige Bestimmung findet und auf das Beispiel der Aachener Exportbier-Brauerei in ihrer Bilanz vom 30. September 1908. In dieser Bilanz sind die Maschinen mit einem viel höheren Betrag eingesetzt, als im Vorjahre. Der Geschäftsbericht bemerkt dazu: „Um für den vorhandenen und noch zu erwartenden Ausfall bei einem Teil unserer Debitoren einen Ausgleich bewirken zu können, haben wir die vor einigen Jahren auf Maschinenkonto geschaffenen Reserven herangezogen, indem wir die Maschinen dem heutigen wirklichen Werte entsprechend, wieder in die Bilanz eingesetzt haben". Abgesehen davon, bewirkt ja gerade der § 59a eine stärkere Erhöhung der Abschreibungen, so daß trotz der Korrektur die gesamten Abschreibungen nach seiner Anwendung größer sein wird, als je zuvor.

Es steht also nicht im Wege, daß die physischen Personen bei Aufstellung ihrer Bilanzen so verfahren, wie angegeben und daß der Reichsfinanzminister einen dahingehenden Grundsatz in seine Richtlinien aufnimmt, um so mehr, als er sich auf einen Präzedenzfall aus der Geschichte der Steuer-Rechtsprechung berufen kann. Der § 3 des preuß. Gesetzes betr. Ergänzung und Abänderung einiger Bestimmungen über Erhebung der auf das Einkommen gelegten direkten Kommunalabgaben vom 27. Juli 1885 bestimmt: „Bezüglich des Reineinkommens aus Bergbauunternehmungen gilt dies (d. h. die Anwendung der für die Einschätzung zur Staatseinkommensteuer geltenden Grundsätze) mit der Maßgabe, daß die der jährlichen Verringerung der Substanz entsprechenden Abschreibungen zu den Ausgaben gerechnet werden." In einer Entscheidung des preuß. Oberverwaltungsgerichts vom 3. März 1909 (Entscheidungen in Staatssteuersachen Band 14 S. 266) die zu dieser Bestimmung ergangen ist, ist dargelegt, daß der Umstand, daß die vorhandenen Mineralien mehr wert werden, als der Anschaffungspreis beträgt, sehr wohl dazu führen könne, daß von einer Abschreibungsnotwendigkeit keine Rede mehr sei. Es heißt dort wörtlich: „Warum sollen Warenabschreibungen trotz gesetzlich entgegenstehender Vorschrift ganz unterbleiben. Können sie nicht ebenso gut, um unberücksichtigte Wertsteigerungen auf der Aktivseite auszugleichen, reduziert werden? Nachdem die Werte für den gesamten Bestand an Materialien für den Schluß eines jeden Geschäftsjahres gefunden sind, hängt die Zulässigkeit und die Höhe der Abschreibung wegen Wertverminderung davon ab, ob und um wieviel der Wert am Ende des neuen Jahres geringer ist als der Wert am Ende des vorhergehenden Jahres. Ist der erstere Endwert höher, etwa infolge des

Steigens des Kaufpreises der Mineralien im Laufe des Geschäftsjahres, oder ebenso hoch als der letztere, so ist eine Wertverminderung überhaupt nicht eingetreten, und es kann dann auch eine Abschreibung wegen Wertverminderung nicht stattfinden. Dies ist eine logische Folge des in § 40 HGB. ausgesprochenen Bilanzgrundsatzes, daß die wirklichen Werte in dem Zeitpunkte, für welchen die Aufstellung erfolgt, in die Bilanz einzustellen sind."

Warum sollen, wenn Abschreibungen trotz entgegenstehender gesetzlicher Vorschrift ganz unterbleiben können, sie nicht ebensogut, um unberücksichtigte Wertsteigerungen auf der Aktivseite auszugleichen, reduziert werden können?

4. § 59a gilt nur für die physischen Personen, nicht für die juristischen, welche der Körperschaftssteuer unterliegen. Dies wird aber nicht hindern können, daß die in ihm enthaltenen Grundsätze, welche die Rechtsprechung des Reichsfinanzhofs gerade für die juristischen Personen aufgestellt hat, auch nach wie vor für diese zur Anwendung kommen werden. (So zutreffend der frühere hessische Finanzminister und Reichstagabgeordneter Becker in Deutsche Juristen-Zeitung 1921 Sp. 306). Ist dem so, erscheint es notwendig, auch die einschlägigen Vorschriften des Handelsgesetzbuchs daraufhin zu prüfen, ob sie nicht mit der vorgeschlagenen Regelung in Widerspruch stehen.

Es ergibt sich, daß zweckmäßigerweise der § 261 Ziffer 2 HGB. beseitigt wird, der bestimmt, daß „andere Vermögensgegenstände" (gemeint sind gerade die Betriebsanlagen) „höchstens zum Anschaffungs- oder Herstellungspreis anzusetzen sind". Er wird richtigerweise ersetzt durch eine Bestimmung folgenden Wortlauts, die der Ziffer 2 des § 56 des schwedischen Gesetzes über die Aktiengesellschaften vom 12. August 1910 (vgl. Lehmann in der Zeitschrift für das gesamte Handels- und Konkursrecht, Band 72 S. 158ff.) nachgebildet ist. „Die Vermögensgegenstände können zu einem höheren Betrage, als den Anschaffungs- oder Herstellungskosten entspricht, angesetzt werden, sofern besondere Umstände dies rechtfertigen und darüber in dem Geschäftsbericht vollständige Angaben gemacht werden."[1])

Als solche „besondere Umstände" wären anzusehen, daß eben auf der Passivseite eine entsprechende Erneuerungsrücklage gemacht wird.

Man wird eine solche Änderung um so unbedenklicher vornehmen können, als die Vorschrift des § 261 Ziffer 2 schon von jeher geeignet erschien, auf Kosten der Sicherheit der Aktionäre

---

[1]) Wenn man will, kann man auch noch hinzufügen:
„Für jeden Vermögensgegenstand von Bedeutung ist gesondert sein Anschaffungspreis, der Zeitpunkt der Anschaffung, die Beträge der früheren Abschreibungen und der Betrag der letzten Abschreibung auszuweisen." (Ähnlich schon früher von Schiff gefordert.)

dem Krieg beschert war) eine folgerichtig durchgeführte Anpassung aller festen Bezüge gehabt hätte, habe ich an verschiedenen Orten dargelegt. In Frage käme neben einer Anpassung der Gehälter und Löhne — der öffentlichen Beamten, der Angestellten, der Arbeiter — an die allgemeine Wirtschaftsentwicklung, eine solche Anpassung der Renten der sozialen Versicherung, und ebenso der Leibrenten, ferner die der öffentlichen Gebühren aller Art, der nach festen Sätzen bestimmten Gebührnisse mancher Berufe. Weiterhin wären so zu behandeln alle fortlaufenden Ansprüche aus irgendwelchen auf die Dauer angelegten Schuldbeziehungen (wie Mietvertrag und Darlehen jeder Art) und schließlich auch die Hauptgeldansprüche selbst aus solchen Rechtsbeziehungen. Ich habe diese Zusammenhänge und die Möglichkeiten einer Abhilfe gegen die aus der Geldveränderung sich ergebenden Mißstände dargestellt in dem Aufsatze „Der Wandel von Wirtschaftshöhe und Geldwert in seinem Einfluß auf das Versicherungswesen" (in d. ZentrBl. d. Reichsvers. Nr. 23 vom 1. Dezember 1920).

Von ganz besonderer Bedeutung aber für eine solche Regelung ist, daß sich die Anpassung selbsttätig vollziehe, d. h. ohne erst jeweils und immer neu der ordnenden Hand des Gesetzgebers zu bedürfen. Nur eines also wäre erforderlich, daß nämlich von amtlich entscheidender Stelle jährlich die für das Jahr geltende Anpassungszahl bestimmt und bekanntgegeben würde. Eine Darstellung des Verfahrens für die Bestimmung dieser Verhältniszahlen habe ich gegeben in meinem Schriftchen „Der bewegliche Gehaltsteil" im Verl. des Deutsch. Beamtenbundes, Berlin 1920, S. 10f.

4. Die Geldentwertung seit dem Kriegsbeginn. Maßnahmen dagegen.

Jene Erscheinung nun, die sich schon in Zeiten ruhiger Wirtschaftsentwicklung vollzog, steht jetzt unerhört verstärkt vor uns. Nun sieht sie jeder. Unsere Gesetzgebung hat diese wichtigen Fragen lange vollständig und grundsätzlich unbeachtet gelassen, hat sich gesperrt gegen jede Anerkennung der Tatsache und ihrer Folgeerscheinungen, und festgehalten an dem Irrwahn, Mark sei Mark. Das gilt beispielsweise für das Preistreibereistrafrecht, das dem Verkäufer verbietet, bei der Veräußerung einer in Zeiten besseren Geldstands erworbenen Ware für die Gewinnberechnung den Einstandspreis mit Rücksicht auf den gesunkenen Geldwert höher anzusetzen, gilt insbesondere auch für unser Steuerrecht, das bei jeder Vergleichung der Vermögens- und Einkommenshöhe aus verschiedenen Zeitpunkten grundsätzlich keinen Unterschied kennt, ob es sich in dem einen Zeitpunkt um Gold- und im andern um Papiermarkwerte handelt. Nun muß auch der Gesetzgeber seine Maßnahmen danach einrichten. Geschieht dies nur da und dort, verzettelt nach Not und Gelegenheit, während auf andern Gebieten des Wirtschaftslebens die falsche Gleichung Mark ist Mark künstlich erhalten bleibt, so müssen neue Mißstände entstehen, Rechtsunsicherheit und Ungerechtigkeiten. Ist die Erscheinung in ihrem Wesen und ihren Folgen erkannt, so scheint es doch wohl selbstverständlich, daß sie in ihrem ganzen Umfange einheitlich behandelt werde. Dann fragt sich: Wird die Erscheinung dauernd sein? Sind künstliche Eingriffe nötig, sind sie möglich und versprechen sie Erfolg? Viele bezweifeln ernstlich, daß sich der Geldwert wieder nennenswert heben könnte, und man fürchtet vielfach die Folgen, die dies haben würde. Und sicher, wenn man die Riesenschulden sieht, die Reich und Länder und Gemeinden aufgenommen haben, fast durchweg in schlechtem Papiergeld, so wird man ohne einen künstlichen Eingriff kaum eine merkliche Hebung des Geldwertes erwarten dürfen. Denn höbe er sich, so würden die Preise sinken, die Löhne und Gehälter in der Zahlenhöhe zurückgehen, aber auch alle Einkommen im freien Wirtschaftsleben. Damit sänken die Steuereinnahmen. Wie sollte dann aber der Zinsen- und Tilgungsdienst für die öffentlichen Schulden aufrecht erhalten werden? Durch diese Schuldenlast scheint der Weg zur Besserung unseres Geldwesens einfach abgeriegelt.

a) Devalvation.

Darum ruft man nach Devalvation. Aber man wird es sich dreimal überlegen, ehe man zu dieser Roßkur greift, einer allgemeinen Zurückschneidung aller Geldzeichen oder aller Ansprüche, mag man nun, wie dies mehrfach angeregt worden ist, 1:10 als den Maßstab der Zusammenlegung wählen oder sich mit einem bescheideneren Verhältnis begnügen, etwa mit einer Zurückschneidung auf ein Fünftel oder ein Viertel, wie sie uns im Januar d. Js. Loucheur zur Hebung unserer Kraft zur Zahlung von Kriegsschulden freundschaftlich in Aussicht gestellt hat. Mag man das Zusammenlegungsverhältnis wählen wie immer: wenn sie unterschiedlos allgemein geschähe, so wäre eine neue ungeheuerliche Vermögensverschiebung die Folge, weil dadurch die durch die Geldentwertung entstandenen schweren Verluste, für die doch heute immerhin die Möglichkeit und Hoffnung einer allmählichen Zurückgewinnung besteht, ganz unerbittlich hoffnungslos besiegelt wären. Unmöglich wegen ihrer bittern Ungerechtigkeit ist darum die Maßnahme, weil sie alle Ansprüche gleich behandeln möchte, ob also vor Jahren in Gold entstanden, oder eben erst in kümmerlichstem Papiergeld.

b) Eine abstufende Wertung.

Wohl aber scheint mir einer ernstlichen Prüfung bedürftig eine Maßnahme dahin, daß alle Ansprüche irgendwelcher Art künftig gewertet werden nach dem Verhältnisse, in welchem jeweils der Geldwert steht zu dem im Zeitpunkt der Entstehung des Anspruchs.

c) Geschichtliche Vorbilder.

Die Maßnahme hat geschichtliche Vorbilder in Zeiten verkommener Münzwirtschaft. Sie ist nach dem Siebenjährigen Kriege von Preußen, namentlich aber in einer für unsere heutigen Verhältnisse beachtenswerten Form in Sachsen durchgeführt worden.

Über diese geschichtlichen Vorbilder habe ich berichtet in einem Aufsatz „Zur Abtragung von Schuldansprüchen aus Zeiten der Geldentwertung" in der Zeitschrift f. Soz. Wiss. 1921 Nr. 3. Ihre Bedeutung fordert auch hier darauf einzugehen.

Während des Siebenjährigen Krieges waren die Münzen immer ärmer geworden an Edelmetallgehalt. Die Folge war ein Sinken des Kurses. Der sächsische „Drittel" (das Achtgroschenstück) hatte an der Leipziger Börse folgende Kursentwickelung: Hundert Taler in Silber galten im

März	1757	rund 95	Taler Dukaten
Jan.	1758	94	
	1759	90	
	1760	74	
	1761	56	
	1762	44	
„	1763	40	
März	1763	39	„

Über die Folgen der Münzverschlechterung findet sich in dem Buche von Klotzsch, „Versuch einer chursächsischen Münzgeschichte", 1779, folgende anschauliche Schilderung:

„1760 nahm die vorhin erzählte Art des Umsatzes des schlechten gegen schlechteres Geld überhand und mit dem Wiederausflusse geringhaltiger Sorten stiegen die Preise aller Lebensbedürfnisse zuletzt unleidlich an, wobei die ausstudierten Geldwucherer auf doppelte Art, durch den Geldwechsel sowohl als die Warensteigerung profitierten, weil der Kalkulus bei letzteren wie gewöhnlich jederzeit auf die geringhaltigsten der in kurzen Zwischenzeiten wieder verändert aufgetretenen Münzsorten gestellt und damit nach den besseren zugleich geangelt wird. Solche Bedrückung fiel unter andern sehr hart auf diejenigen, deren Einkommen sich auf bestimmte Besoldungen einschränkte, welche den Zähltaler in kurantem Gelde annehmen mußten und nichts zum Wucher aufschlagen konnten. Niemand profitierte hierbei als die Kaufleute, Wechseler, Lieferanten und Pachter unbeweglicher Güter. Viele der Letzteren sahen sich zeitig imstande ihren durch den Krieg verschuldeten Verpachtern ihre Landgüter abzukaufen und mit barem Gelde zu bezahlen. Die Städte und Kommunen steckten schließlich tief in Schulden, da wenige oder gar keine imstande gewesen waren die ungeheuren Kriegslasten mit eigenen Kräften zu tragen. Hiervon suchten während des Krieges diejenigen zu profitieren, welche durch Handlung und Gewerbe ihre Vermögenskräfte äußerlich durch die

Multiplikation des schlechten Geldes gestärkt hatten ohne daran zu denken, ob auch solches, wegen des starken Kupferzusatzes, dereinst würde eine Subtraktion erleiden müssen. Solche Kapitalisten kreditierten während des Krieges den Bedürftigen in der sich vorspiegelnden Einbildung, daß nach wiederhergestelltem Ruhestande Taler für Taler stehen bleiben und die Sicherheit ihres unter Begünstigung des Krieges erworbenen Vermögens nach der Aufzahl keinen Anstoß finden würde. Aber sie irreten und es machte einen großen Strich durch ihre einseitige Berechnung ein unterm 18. Juni 1763 ausgegangenes Edikt. . ."

Schon vorher hatte Friedrich der Große zur Verbesserung des zerrütteten Münzwesens eine Neuordnung verfügt in dem „neuen Münz-Edikt" vom 29. März 1784. Seit 1750, und bis 1759 lag dem preußischen Münzwesen der 14 Talerfuß zugrunde, 1759 bis zum 1. September 1760 galt der 19¾ Talerfuß (und noch schlechter), später herrschten die sächsischen Sorten vor, die nach dem 30 Talerfuß und noch schlechter geschlagen waren. 1763 kehrte Preußen zum 19¾ Talerfuß, 1764 zum 14 Talerfuß zurück. Daher wurde zunächst im Jahre 1763 bestimmt, daß bei der Rückzahlung von Ansprüchen aus der Zeit von 1759 der Schuldner auf das Kurantgeld von 1763 ein Aufgeld von 41% zu zahlen hätte (denn 14 : 19¾ = 100 : 141), während umgekehrt für die Ansprüche vom 1. September 1760—1763 der Gläubiger einen entsprechenden im Edikte genau festgesetzten Nachlaß zu gewähren hatte, für die Ansprüche aus der Zeit von Anfang 1759 bis zum 1. September 1760 aber Parität galt. Entsprechend gestaltet waren die Bestimmungen, die das neue Münzedikt von 1764 schuf, nur natürlich ausgehend von der Tatsache, daß jetzt der 14 Talerfuß wieder hergestellt war.

Ganz ebenso wie bei meinem Vorschlage ist nun freilich damals die Sachlage offensichtlich nicht gewesen. Denn es war dort für die Regelung genau maßgebend das Ausprägungsverhältnis, der wirkliche Unterschied im Edelmetallgehalt der zu den verschiedenen Zeiten in Betracht kommenden Münzen, also ohne Rücksicht auf sonstige mannigfache Schwankungen des Kurswerts der einzelnen Münzsorten, und ebenso ohne Rücksicht auf die jeweilige Kaufkraft des Geldes, also etwa auf das Wertverhältnis der Münzeinheit zu dem jeweiligen Gesamtvermögen oder Einkommen des Volkes. Eine Regelung, wie sie hier Preußen traf, ist gewissermaßen selbstverständlich, denn wenn an Stelle von Münzen des 14 Talerfußes solche des 19¾ Talerfußes getreten waren, so war, obschon man wohlweislich die bisherige Bezeichnung beibehielt, die Sachlage doch im Wesen nicht anders, als wenn man der neuausgeprägten, in ihrem Werte so erheblich geminderten Münze auch einen neuen Namen gegeben hätte.

Die in *Sachsen* getroffene Regelung zeigt eine stärkere Ähnlichkeit mit meinem Vorschlag. Sie geschah durch das schon genannte „Chursächsische Mandat wegen Bezahlung derer, währender

Münzzerrüttung ausgestellten Verschreibungen, d. d. 18. Juni 1763". Die wesentliche Vorschrift geht dahin, daß alle während des Münzverfalls aufgenommenen Anleihen jetzt in konventionsmäßigem Gelde zurückzuzahlen waren nach Ermäßigung auf den Wert, den die dargeliehenen Münzsorten zur Zeit des Anleihens gegenüber Dukaten gehabt hätten. Zahlenmäßig maßgebend hierfür war eine beigefügte Tabelle, die für die ganze Kriegszeit von Monat zu Monat fortschreitend das Umrechnungsverhältnis festsetzte und zwar auf Grund der jeweiligen Notierungen des Leipziger Kurszettels aus der Kriegszeit. Zwar sollten durch die Maßnahme des Mandats (wie dieses einleitend bemerkt) „alle aus dem so sehr verringerten Gehalt der Münze und dem nach demselben sich richtenden Werte der Sachen entstehenden Irrungen, Verkürzungen und Weiterungen möglichst abgewendet und vermindert werden", aber es war hier gleichwohl nicht ausschließlich und schlechthin das Verhältnis des Edelmetallgehalts der Sorten zu den verschiedenen Zeiten entscheidend, sondern die jeweilige Wertung der Sorten im Handelsverkehr, mochte diese nun in der allmählichen Verschlechterung der Sorten oder (daneben) in anderem ihre Ursache haben.

Also auch hier gewissermaßen eine „Devalvation", aber von ganz besonderer Art: nämlich unter enger Anpassung an die Verhältnisse der Entstehung jedes Anspruches. Die Schulden, die vor dem Kriege (also in gutem Gelde) eingegangen waren, wurden in ihrer Höhe unverändert gelassen, und nur die Ansprüche, die der Gläubiger während des Krieges seinerseits mit minderwertigem Gelde erworben hatte, wurden gekürzt in dem treffenden Verhältnis.

II. Die abstufende Wertung aller Ansprüche.

Ähnlich diesen geschichtlichen Vorbildern wäre nun die mir vorschwebende Regelung unseres heutigen heruntergenommenen Geldwesens. Das heißt, es wären (da uns ein Kurs unseres Inlandgeldwerts für die vergangenen Jahre nicht zur Verfügung ist) rückschauend durch eine mit dieser Aufgabe zu betrauende richterlich auszustattende Amtsstelle auf Grund aller erreichbaren wirtschaftszählkundlichen Unterlagen für jedes Vierteljahr seit dem Kriegsbeginn die Verhältniszahlen zu bestimmen, die dem jeweiligen „Geldwerte" entsprechen, und im Verhältnis dieser Zahlen wären alle seitdem begründeten Ansprüche jeder Art umzurechnen; mit dem Ergebnisse, daß der einzelne Anspruch je nach dem Zeitpunkte seiner Entstehung und seiner Tilgung zahlenmäßig höher oder niedriger sein kann als einst bedungen. Zahlenmäßig also geändert, in Wahrheit aber gerade dadurch in seinem wirtschaftlichen Werte genau gleich erhalten! Alle vor dem Kriege entstandenen Ansprüche würden gleichheitlich mit der Verhältniszahl 100 angesetzt, obwohl, wie oben dargelegt, schon vor dem Kriege eine recht erhebliche Geldentwertung bestanden hatte, jedoch entsprechend einer wohl ausnahmslosen Übung des Wirtschaftslebens, das damals bei der Wertung der Ansprüche auf die Entstehungszeit und die Schwankungen des Geldwerts gar kein Gewicht legte.

1. Schematische Darstellung des Planes.

Ganz schematisch und unmaßgeblich, nur um die Sache anschaulicher zu machen, will ich hier, und zwar bloß von Jahr zu Jahr fortschreitend, solche Verhältniszahlen wählen:

für	1914	die Verhältniszahl	100
	1915		100
	1916		120
	1917		150
	1918		200
	1919		300
	1920		450
„	1921	„ „	500

Dann ist ein im Jahre 1910 entstandener Anspruch im Jahre 1921 voll, ein Anspruch aus dem Jahre 1918 mit 1/2 seiner Höhe anzusetzen und so zu verzinsen und zu tilgen, der eine also mit 500 v. H., der andere mit 250 v. H. seines Nennwertes. Nur auf diesem Wege sehe ich die Möglichkeit, ein gerechtes Ausgleichsverhältnis für die in so weit verschiedenem Geldwerte begründeten Ansprüche und Verbindlichkeiten zu schaffen, nur auf ihm für später die Möglichkeit eines gesicherten Zinsen- und Tilgungsdienstes der öffentlichen Anleihen (und ebenso auch für die hohen Obligationenschulden, die jetzt vielfach von Unternehmern aufgenommen worden sind), nur auf ihm die Möglichkeit eines allmählichen Wiederaufbaues unseres Geldwerts.

2. Unterschied gegenüber der Devalvation.

Die Maßnahme, die man als „Devalvation" bezeichnet, will eine einmalige Umwälzung aller Werte, die an einem bestimmten Stichtage eintreten soll, sie würde also nur die bis dahin entstandenen Rechtsbeziehungen treffen. Anders grundsätzlich die Maßnahme, die ich hier vertrete. Wie schon vor dem Kriege die Maßnahme der Anpassung aller über längere Zeiträume sich erstreckenden Ansprüche an die Veränderungen der Wirtschaftshöhe möglich war und das Wirtschaftsleben vor ungerechtfertigten Vermögensverschiebungen und oft schweren Verlusten bewahrt hätte, so würde sie auch weiter wirken in die Zukunft. Das heißt also, wenn die Maßnahme im Jahr 1921 eingeführt würde, würden ihr auch die künftig entstehenden Ansprüche unterliegen und ihre jeweilige Zahlenhöhe sich bemessen nach dem Stande des Geldwerts in jedem Jahre. Und ein weiterer grundlegender Unterschied zwischen einer Devalvation und der abstufenden Wertung liegt darin, daß jene nur eine Kürzung des Nennwertes kennt, während die abstufende Wertung, je nach der Sachlage — bei gleichbleibendem Werte — ebensowohl auch die Erhöhung des Zahlenbetrags ergeben kann.

3. Unmittelbare Wirkungen der Maßnahme.

Eine grundsätzlich folgerichtige Berücksichtigung der Wandelbarkeit des Geldwerts würde bei Allseitigkeit der Durchführung gegenüber der heutigen Rechtslage dem einen einen Vorteil bringen, dem andern Nachteil. Aber das wäre nicht ein Fehler, sondern wäre die Gutmachung eines Fehlers, durch den unsere bestehende Wirtschaft in schlimmster Weise entstellt ist: indem sich eben die Anpassung an die Wandlungen des Geldwerts auf manchen Gebieten des Wirtschaftslebens vollständig (oder gar im Überschwang) auf andern Gebieten nur teilweise durchgesetzt hat, wieder anderen Gebieten aber bisher vollkommen versagt geblieben ist. Aber offenbar darf, wer mit Recht fordert, von seinem Betriebskapital von einer Million heute 200000 Papiermark (oder mehr) Rente zu ziehen, nicht gleichzeitig es unbillig finden, daß auch sein Gläubiger, der ihm vor Jahren eine halbe Million zum Geschäftsbetrieb geliehen hat, jetzt seine Zinsen berechnen möchte nach dem heutigen Geldwert in dem maßgebenden Verhältnis. Die Berücksichtigung des veränderten Geldwerts muß, wenn einseitig durchgeführt, ungerecht und abstoßend wirken, aber sie schafft angemessene Geldbeziehungen überall, wenn sie folgerecht geschieht und allseits.

Nicht das Geld selbst würde der abstufenden Wertung und Anpassung unterliegen, etwa nach dem Tage der Ausgabe jedes Stückes. Das ist natürlich eine Frage von besonderer Wichtigkeit. Für eine solche Anpassung möchte man etwa anführen, daß im Jahre 1914 mit der Ausgabe von 1000 ℳ Papiergeld-Bedürfnisse von sehr viel höherem Werte gedeckt werden konnten als heute mit der Ausgabe desselben Nennbetrages, und daß der Empfänger darum damals weit wertvollere Güter geben und leisten mußte, und so müßten — wäre zu folgern — die im früheren Zeitpunkt ausgegebenen Geldzeichen ihre höhere Kaufkraft beibehalten haben auch in der Folge. Aber diese Auffassung wäre falsch. Das vom Staate ausgegebene Geld ist von Natur veränderlich an Kraft und diese Veränderlichkeit ist es ja eben, was dazu führt die Ansprüche auf Geld, um sie wertbeständig zu erhalten, in dem zahlenmäßigen Ausdruck ihrer Wertung, jenen Änderungen des Geldwerts anzupassen. Ist g der Wert der Geldeinheit und n die Zahl, so muß in dem Produkte ng bei fallendem g die Zahl n steigen. Die jeweils ausgegebene Menge des Geldes ist selbst, neben anderen Umständen, wesentlich mitbestimmend für die Höhe der Wertung. Darum kann nicht das Geld wiederum an jener Anpassung teilnehmen. Es ergibt sich allerdings für den Empfänger jedes neu ausgegebenen Stückes Papiergeld die möglicherweise nachteilige oder gar vernichtende Gefahr, daß ihm der im Geldzeichen empfangene Wert durch den Lauf der Wirtschaftsentwicklung dahinschwinde; der Wert kann sich aber umgekehrt auch heben — diese Schwankung ist begründet in der Natur. Aber jeder Empfänger hatte und hat die Möglichkeit Verlusten zu entgehen, indem er dafür alsbald nach dem Empfang des Geldes wertbeständige Güter oder Ansprüche dieser Art erwirbt.

So hat die Gesamtmasse des jeweils ausgegebenen Papiergeldes jederzeit in jedem seiner Stücke die wirtschaftliche Kraft, die ihm, mitbestimmt durch die Menge des ausgegebenen Geldes, nach der veränderlichen Wirtschaftslage zukommt. Wird reiner Wein mit einer immer dünneren Mischung vermengt, so hat stets jeder Teil der Gesamtmischung mit dem andern gleichen Gehalt, und wenn umgekehrt die verdünnte Mischung durch Verdunstung oder künstlichen Eingriff angereichert wird, kommt das wieder jedem Teil der Gesamtmenge zugute. Und es liegt ähnlich wie bei einem Aktienkapital, das (soferne nicht Vorzugsrechte geschaffen wurden) einen Bestand von einheitlichen Werten bildet ohne Rücksicht darauf, in welchem Zeitpunkt und unter welchen wirtschaftlichen Verhältnissen sich auf das Urkapital neue Schichten gesetzt haben.

Was im Vorstehenden über die Wertung des Papiergeldes gesagt ist, gilt ebenmäßig für Reichskassenscheine, Darlehenskassenscheine, aber auch für Banknoten jeder Art, da auch diese in der hier fraglichen Richtung nichts anderes sind als Geldzeichen.

Was ich hier vorschlage, bietet nur den äußeren Schein einer Devalvation, insofern als auch bei meinem Vorschlag Werte gewisser Art gekürzt werden. Über den Wert und die zu erwartenden Wirkungen der Maßnahme, die man als Devalvation bezeichnet, herrscht lebhafter Streit. Aber auch schon der Begriff, den man mit dem Worte verbindet, steht keineswegs fest. Wie man sich aber auch die Ausführungsform denken mag, immer läuft die Sache darauf hinaus, daß an die Stelle eines auf einen höheren Betrag lautenden Geldzeichens ein solches tritt, das einen geringeren Betrag nennt, so daß also etwa jemand, der 10000 ℳ schlechter Währung hatte, jetzt über 1000 ℳ in guter verfügte. Die Wirkung wäre, daß der Gläubiger, der 10000 ℳ zu fordern hat, sich nicht mehr wie heute mit 10000 ℳ in schlechtem Papier abfinden zu lassen bräuchte, sondern 10000 ℳ gutes Geld verlangen könnte. Damit würde freilich der Gläubiger, der einst die 10000 ℳ in Gold dargeliehen hätte, wieder in den vorigen Stand eingesetzt gegen die verheerende Wirkung des gesunkenen Geldwerts, aber gleichzeitig dem Gläubiger, der vor kurzem die 10000 ℳ in schlechtestem Papier hingegeben hatte, ein ganz unverdienter Gewinn in den Schoß geworfen. Das hätte auch für das Reich und sonst für alle Schuldner öffentlicher Anleihen schwere Folgen, denn der größte Teil dieser Anleihen ist aufgenommen in minderwertigem Gelde.

Dieses Zufallsspiel, das dem einen schwersten Verlust und dem andern unverdienten Gewinn brächte, würde mein Vorschlag vermeiden. Er ist nicht eine Devalvation, nicht eine Entwertung, er verkürzt nicht den Wert von Geldzeichen in der Hand ihres Besitzers, sondern er bewertet jeden Anspruch in enger Anpassung an die Verhältnisse seiner Entstehungszeit, und das Maß der Befriedigung bestimmt sich nach der wahren Höhe des Anspruchs. Nicht in das bestehende Geldwesen soll eingegriffen, nicht der Nennwert der Geldzeichen geändert werden, sondern nach dem Maße des Wandels der Wirtschaftslage würde sich jeweils die Zahlenhöhe jedes Anspruchs nach seiner Entstehungs- und Tilgungszeit wandeln. So werden die Zahlenbeträge sich erhöhen in einer Zeit weiterer Aufblähung des Geldes, und sie werden sinken mit seiner Gesundung.

4. Einzelheiten der Durchführung.

Der Grundgedanke einer abstufenden Wertung aller Ansprüche wird leicht Freunde finden. Aber mit dem bloßen Aussprechen solcher allgemeinen Gedanken ist selten viel gedient. Man möchte klarer sehen, wie es gemeint ist. Sehr wesentlich ist also die Vorstellung davon, wie die Durchführung in ihren Einzelheiten zu denken wäre. Ich muß daher im Folgenden auch hierauf eingehen. Damit begebe ich mich freilich in die Gefahr, daß mancher gerade die mir vorschwebende Ausführungsform ablehnen und dann das Kind mit dem Bad ausschütten möchte, obwohl vielleicht nur Einzelheiten der Durchführung einer Änderung bedürften. Aber hierauf muß ich es ankommen lassen.

a) Die Gewinnung der Verhältniszahlen.

Eine Hauptfrage vor allem ist, ob es möglich ist, die für die Umrechnung jedes Anspruchs benötigten Verhältniszahlen amtlich zur Verfügung zu stellen; denn ohne eine solche sichere Regelung des Vollzugs ist die ganze Maßnahme nicht denkbar.

Was vor 150 Jahren der sächsischen Heilung des Münzwesens als Grundlage dienen konnte, steht uns heute leider nicht zur Verfügung. Damals war an der Leipziger Börse Monat für Monat für die ganze Kriegszeit der Kurs der marktgängigen Hauptmünze bestimmt worden. Uns fehlt ein solcher Pegel für das Fallen des Geldwerts. Denn offenbar kommt es für unsere Zwecke nicht auf den jeweiligen Stand der Auslandsvaluta an, sondern auf das Geldwertverhältnis im Inlandsverkehr. Sollen also alle Ansprüche bemessen werden nach dem Geldwertstande im Zeitpunkt ihrer Entstehung, so müssen die Verhältniszahlen rückschauend (und sodann in Zukunft fortlaufend) ermittelt und nach dem Ergebnisse der Ermittelung festgesetzt werden. Diese amtliche Festsetzung müßte, wie gesagt, einer mit richterlichem Wesen auszustattenden Kammer übertragen werden. Als Grundlage für ihre Arbeit käme alles in Betracht, was der Wirtschaftszählkunde erreichbar ist. Die Aufgabe ist wohl nicht ganz leicht. Aber sie ist gewiß nicht unlösbar. Man wird ja nicht Zahlen erwarten wollen, gegen die schlechthin niemand etwas einzuwenden wüßte. Die Aufgabe aber, solche Zahlen zu schaffen, ist nun einmal so wichtig und dringend, daß es geboten und gerechtfertigt ist, der gedachten Kammer eine starke entscheidende Stellung zu geben.

b) Festsetzungsgrundlagen der Verhältniszahlen.

Als Unterlagen kommen in Frage einerseits die Verhältniszahlen der Großhandelspreise, dann Erhebungen über die Preise des Kleinhandels, die auf Anregung des Reichswirtschaftsministeriums monatlich fortlaufend geschehende amtliche Ermittelung der Teuerungszahlen, und andererseits und vor allem die Ergebnisse der jährlichen steueramtlichen Ermittelung der Einkommen aller natürlichen Personen des Reiches.

Ich habe bei meinen bisherigen Arbeiten, wo es auf die Anpassung fester Bezüge an die allgemeine wirtschaftliche Entwicklung ankam, als die das Maß der allgemeinen Geldentwicklung angebenden Verhältniszahlen schlechthin die Zahlen genommen, die der Entwicklung des volksdurchschnittlichen Einkommens entsprechen. Es scheint mir ganz außer Zweifel, daß diese als die richtigen anzusehen sind für die Zeiten einer verhältnismäßig ruhigen Wirtschaftsentwicklung, wie sie sich vor dem Kriege abspielte. Aber es mag immerhin zweifelhaft sein, ob nicht etwas anderes gelten muß für die Zeiten stürmischer Entwicklung, wie wir sie seit längerer Zeit durchleben. Zahlenunterlagen für eine sichere Beurteilung dieser Beziehungen fehlen mir und sind wohl überhaupt nicht zur Verfügung. Aber es ist mir sehr wahrscheinlich, daß die Entwicklung der Verhältniszahlen des Einkommensdurchschnitts (trotz der mächtigen zahlenmäßigen Steigerung der Einkommen breiter Volkskreise) selbst dann, wenn die Einkommenshöhe steueramtlich vollständig erfaßt werden könnte, erheblich zurückgeblieben ist hinter der heutigen Steigerung des Durchschnittspreises aller Waren. Am wenigsten brauchbar für unsere Zwecke ist jedenfalls die Bewegung der Großhandelspreise für Rohstoffe. Uns kommt es an auf die Preisbewegung der Erzeugnisse. Auch der Unternehmer fragt, was die neue Maschine kosten wird, nicht wie sich die Tonne Eisen stellt, die dazu verwendet wird. Es kann sich also nur darum handeln, ob der Durchschnitt der Verbraucherpreise oder der der Einkommenshöhe für uns in Betracht kommt. Der erste Gedanke ist, daß es auf den Durchschnitt der Preise ankomme, und in der Tat scheint folgende Überlegung die Richtigkeit zu bestätigen. Steigen die Preise stärker als das Einkommen eines Einzelnen, so kann dieser vorübergehend einer Einschränkung seiner Lebenshaltung ausweichen durch Borg oder durch Aufzehrung seiner Vorräte. Aber das geht nicht auf die Dauer. Bleibt das Einkommen auf die Dauer zurück, so hilft nur eine Einschränkung im Verbrauche. Was aber für den Einzelnen gilt, muß für die Gesamtheit gelten.

Sind die Preise mehr gestiegen, als dem zahlenmäßigen Wachsen des volksdurchschnittlichen Einkommens entspricht, so deckt vorübergehend ein Ausverkauf der Vorräte ans Ausland oder ein Kredit des Auslands den Fehlbetrag. Aber auf die Dauer heißt es auch hier, die Steigerung der Preise durch einen Minderverbrauch an Gütern auszugleichen. Es ist mir sogar wahrscheinlich, daß unser heutiges Durchschnittseinkommen in Deutschland geringer ist, als was wir als das „Existenzminimum" berechnen. In einer zerrütteten Wirtschaft, einer Wirtschaft, die erst wieder nach dem Aufstiege tastet, in einer Wirtschaft, in der an vielen Bedarfsgütern Knappheit herrscht, ist die Einschränkung unumgänglich, und werden die Preise auf lange Zeit höher sein, als dem Steigen der Einkommen entspräche. Im Laufe von Jahren mag dann mit einem Wiedererstarken unserer Wirtschaft allmählich wieder das Gleichgewicht kommen, und dann werden sich die Linien der Durchschnittsentwickelung der Preise und der Einkommen wieder nähern bis schließlich zu ihrer Deckung. Aber sollen bis dahin die Verhältniszahlen der Preisdurchschnitte das Maß für den Geldwert bilden? Das scheint mir unannehmbar. Wir hätten danach zur Zeit eine Geldwertverhältniszahl von vielleicht 1000 gegen 100. Mag auch hinsichtlich der Kaufkraft gegenüber einer bestimmten Warenmenge ein Betrag von heutigen 100000 Papiermark genau 10000 Goldmark entsprechen, so schrecken wir doch zurück vor den ungeheuren Wirkungen der Umrechnung aller Werte auf Grund dieses hohen Maßstabes.

c) Das Durchschnittseinkommen als Maßstab.

Aber dieser Maßstab ist auch innerlich verfehlt von unserem Standpunkte aus, daß die Geldeinheit den Anteil des Einzelnen an der Gesamtwirtschaft des Volkes nach dem jeweiligen Stande der Wirtschaftshöhe bedeutet. Vgl. die Ausführungen unter I 2. Um in dieser grundlegenden Frage kein Mißverständnis aufkommen zu lassen, sei noch hervorgehoben: Die Zahlenhöhe des volksdurchschnittlichen Einkommens besagt an sich nichts für die wirkliche Höhe des Volkswohlstands, weil sie mitbestimmt ist durch die Veränderlichkeit des Geldwerts als des Maßes, womit diese Höhe gemessen wird. Aber es ist für unsere Betrachtung auch ohne Belang, inwieweit ein Steigen des Einkommendurchschnitts zugleich eine Hebung des Volkswohlstandes bedeutet oder nur auf einer Veränderung des Wertmaßes beruht. Uns kann es hier ja nicht darauf ankommen, ob der Wohlstand sich wirklich hebt oder ob er sinkt, sondern nur darauf, daß die Geldansprüche aller Art an der — wie immer entstandenen und wirtschaftlich wie immer zu wertenden — Veränderung der Lage, wie sie sich in dem bloßen zahlenmäßigen Ausdruck der Wirtschaftshöhe kundgibt, ihren gleichmäßigen Anteil haben müssen. Ist also das Einkommen in seinem Durchschnitt auf das Fünffache gestiegen, so wäre der einzelne Vermögenswert ungerechtfertigt überhöht, wenn er wegen einer Steigerung des Durchschnitts preises auf das Zehnfache, in diesem höheren Verhältnis ungerechnet würde. Der wirtschaftliche Niedergang soll nach dem entsprechenden Verhältnisse das Gesamtvolk treffen und nicht kann dem Einzelnen auf Grund seines früheren Besitzstandes eine wirtschaftliche Kraft erhalten bleiben (oder besser gesagt, durch unsere Maßnahme erst wieder verschafft werden), die ungebrochen wäre und ihren Herrn wirtschaftlich höbe im Vergleich zu der Durchschnittsentwicklung bei den Volksgenossen. Soweit also durch eine nach dem Maßstabe der Einkommensentwicklung sich vollziehende abstufende Wertung der Einzelne eine Kürzung an der Kaufkraft gegenüber den Gütern erfährt, steht der Verlust nur eben in dem Verhältnisse, in welchem die Allgemeinheit, das Volk im ganzen, durch den Krieg und seinen Verlust wirtschaftlich getroffen werden mußte. So glaube ich auch für unsere Zeit als die Geldwertverhältniszahlen schlechtweg die Verhältniszahlen der Einkommensentwicklung nehmen zu müssen. Nur würden diese für unsern Zweck nicht vollständig ausreichen. Denn wir würden bei der Stärke und Sprunghaftigkeit der Geldwertschwankungen, wie sie sich seit 1914 vollzogen haben und wie sie vermutlich noch lange vor sich gehen werden, die Verhältniszahlenreihe wohl in Vierteljahresfolge aufzustellen haben. Da uns aber die Zahlen der steueramtlichen Einkommensermittlung nur von Jahr zu Jahr geboten werden, brauchen wir zur Einschiebung der Vierteljahrszahlen weitere Rechnungsbehelfe. Auch sonst werden jene andern Unterlagen von Bedeutung sein können für eine Überprüfung der Ergebnisse der steueramtlichen Ermittlung, etwa namentlich auch da, wo diese einer Verbesserung bedürfen, weil sie zu sehr hinter den Tatsachen zurückzubleiben scheinen.

d) Voraussichtliche Höhe der Verhältniszahlen.

Welche Verhältniszahlen wir auf diesem Wege tatsächlich bekommen würden, läßt sich heute nur nach dem Gefühl sagen. Wie an früherer Stelle bemerkt, habe ich für die Jahre seit 1914 auf rechnungsmäßiger Unterlage als Verhältniszahlen der Wohlstandsentwicklung gefunden 2216—2170—2355—2507—2968. Setzen wir gefühlsmäßig die Reihe für die Jahre 1919 bis 1921 fort mit 5000—8000—10000 und sodann als eine mögliche Weiterentwickelung der nächsten Jahre mit 9000, 7000, 5000, so bekommen wir von 2216 = 1000 ausgehend und nur von Jahr zu Jahr rechnend, diese Reihe:

für	1914	1915	1916	1917	1918	1919	1920	1921	1922	1923	1924
die Verh.-Zahlen	1000	979	1063	1131	2968	3256	3610	4512	4061	3159	2968.

Diese Zahlenreihe enthält einen bedauerlichen Anteil von Unzuverlässigem und Willkürlichem. Einen gewissen Anhalt zur Nachprüfung, wie sich die angenommenen Verhältniszahlen zur

Wirklichkeit verhalten mochten, bieten uns die von der Brüsseler Finanzkonferenz aufgestellten und die andererseits von der deutschen Regierung in London vorgelegten Zahlen des deutschen Durchschnittseinkommens. Die Zahlen sind auf rund 3900 und 2330 Papiermark angegeben worden, wobei, soweit ich unterrichtet bin, beide Male das Verhältnis von Goldmark zu Papiermark mit 10:1 angenommen ist. Nehmen wir — ganz überschläglich — einen Mittelwert von ungefähr 3000 ℳ, so können wir diese Zahl vergleichen mit der Einkommendurchschnittszahl, die ich bei meiner Untersuchung für 1914 gefunden habe. Sie betrug 713 ℳ oder nach Umrechnung im Verhältnis von 1:10 jetzt rund 7000 Papiermark. Die Gegenüberstellung dieser Zahlen 7000 und 3000 zeigt uns anschaulich die Schwere unseres wirtschaftlichen Niedergangs. Wir hätten hienach einen wahren Rückgang des Volkswohlstandes von 7 auf 3 zu verzeichnen. Aber hierauf kommt es ja für unsere Untersuchung hier nicht an, sondern nur auf die Veränderung im zahlenmäßigen Ausdruck der Wohlstandshöhe (also nicht darauf, ob der Wohlstand in Wahrheit gestiegen ist oder gesunken) und diese Veränderung entspräche nach unsern angenommenen Zahlen für die Zeit von 1914 bis 1921 einem Verhältnis von 1000:4512 oder von rund 1:4½. Nehmen wir nach diesem Verhältnis die für 1914 gefundene Durchschnittszahl des Volkseinkommens, 713 ℳ, viereinhalbfach, so erhalten wir rund 3200 ℳ, also einen Betrag, der der vorhin angenommenen Durchschnittszahl 3000 ℳ als der Zahl des derzeitigen deutschen Einkommendurchschnitts sehr nahe liegt. Daraus würde sich ergeben, daß das auf 1:4½ berechnete und geschätzte Verhältnis der zahlenmäßigen Entwicklung ungefähr das richtige trifft und um weniges zu hoch ist.

e) Vergleich mit der Entwicklung des Preisdurchschnitts.

Dem gegenüber ist die Entwicklung des Durchschnittspreises zweifellos ganz erheblich höher gegangen. Man schätzt sie nicht selten auf das Zwölf- bis Fünfzehnfache der Vorkriegspreise. Mir will fraglich scheinen, ob man mehr als das Zehnfache rechnen darf; wenigstens für den Haushalt kommt doch recht wesentlich der künstlich niedriggehaltene Mietpreis mäßigend in Betracht. Angenommen, wir hätten die Steigerung des Durchschnittspreises mit dem Zehnfachen anzunehmen, so wäre sie viel höher als die zahlenmäßige Steigerung des Einkommendurchschnitts. Der Unterschied des Verhältnisses von 1:4½ und des Verhältnisses von 1:10 (oder anders ausgedrückt das Verhältnis von 20:9) wäre wieder ein zahlenmäßiger Ausdruck für den wirklichen Rückgang unserer Wirtschaft, und das Verhältnis von 20:9 steht dem vorhin gefundenen Verhältnis von 7:3 recht nahe.

f) Bloßer Teilausgleich gegen die Preissteigerung.

Die abstufende Wertung aller Ansprüche brächte nun, soweit

eine einzelne Wirtschaft bisher durch obrigkeitliche Maßnahmen (Zwangswirtschaft, Verbrauchsreglung, Steuerordnung) oder sonst durch widrige Umstände eine Verkürzung erlitten hätte über das Durchschnittsmaß hinaus, einen Ausgleich gegenüber dem gesunkenen Geldwert. Aber dies kann nicht in einem höheren Maße geschehen als nach dem Verhältnis der Entwicklung des Einkommendurchschnitts. Auch dann noch werden weitaus die meisten einen Fehlbetrag zu verzeichnen haben, wenn sie ihr Einkommen messen an der Durchschnittshöhe der Preise (im Vergleiche mit dem entsprechenden Verhältnis von früher); aber dieser Fehlbetrag bedeutet dann für jeden nichts weiter als seinen Anteil an dem allgemeinen Wirtschaftsrückgang des Gesamtvolkes. Für diesen Fehlbetrag kann er sich nicht bei anderen erholen. Er mag sich damit getrösten, daß mit fortschreitender Besserung unseres ganzen Wirtschaftslebens allmählich der Fehlbetrag schwinden muß.

g) Berechnungsweise der Wertung.

Für die Art wie das für die abstufende Wertung maßgebende Verhältnis zwischen Entstehungs- und Tilgungszeit zu bestimmen wäre, sind verschiedene Möglichkeiten denkbar. Mir scheint hier am klarsten und auch sonst empfehlenswertesten der Weg, daß zunächst für jeden Anspruch nach dem Geldwertverhältnisse, das im Zeitpunkt der Entstehung bestand, sein Wert in Goldmark bestimmt wird, und dieser Betrag würde dann jeweils als Ausgangszahl dienen für die Berechnung des Markbetrages nach dem im Zeitpunkt der Tilgung bestehenden Geldwert. Dabei wollen wir im folgenden die unter II 1 aufgestellte ganz schematische Verhältnisreihe benützen und sie für die nächsten Jahre uns fortgesetzt denken, also in dieser Weise:

für	1914	1915	1916	1917	1918	1919	1920	1921	1922	1923	1924
die Zahlen	100	100	120	150	200	300	450	500	400	300	200,

Ich verlasse damit absichtlich die vorhin (unter d) mitgeteilte Verhältnisreihe, die ich aus meinen Zahlenunterlagen berechnet hatte, weil ich mir der Unzuverlässigkeit dieser Zahlen wohl bewußt bin und es daher vorziehe, zur folgenden Veranschaulichung meines Vorschlages Zahlen zu verwenden, über deren bloß schematische Bedeutung kein Zweifel bestehen soll. Auch wird ein Rechnen mit runden Zahlen die Klarheit der Darstellung fördern.

Es würde also der Goldwert eines Darlehens von 10000 ℳ, das in den Jahren 1910, 1915, 1918, 1920 aufgenommen wurde, nach dem für die einzelnen Jahre geltenden Geldwertverhältnis 10000, 10000, 5000, 2222,22 ℳ betragen. Die Zinsen eines im Jahre 1918 aufgenommenen Darlehens von 10000 ℳ (= 5000 Goldmark) betrügen zu 4 v. H. 200 Goldmark, also in den Jahren 1921 bis 1924 1000, 800, 600, 400 ℳ in dem jeweils bestehenden Gelde. Der Darlehenbetrag selbst aber wäre, wenn fällig in den Jahren 1921, 1922, 1923, 1924, zu tilgen mit 25000, 20000, 15000, 10000 ℳ. In derselben Weise unterläge ein Mietverhältnis oder sonst ein Geldanspruch aus Rechtsbeziehungen irgendwelcher Art, z. B. ein gestundeter oder rückständiger Kaufpreis, einer selbstverständlichen Schwankung des Betrags nach der geltenden Verhältniszahlenreihe. Nochmal aber sei betont, daß die eben mitgeteilte Verhältniszahlenreihe nur Anschauungswert haben soll. Ein Anstieg bis zu 500 für das Jahr 1921 ist wahrscheinlich zu hoch gegriffen; das bisher erreichte höchste Maß wird kaum erheblich über 400 liegen.

h) Behördeneinrichtung für die Bestimmung der Verhältniszahlen und die Wertung der Ansprüche.

Die zur maßgeblichen Festsetzung der Geldwertverhältniszahlen zu berufende Kammer wäre wohl beim Reichswirtschaftsministerium zu bilden. Die „Geldwertungskammer" könnte in der Weise zusammengesetzt werden, daß Mitglieder abgeordnet würden etwa vom Reichswirtschaftsminister, dem Reichsfinanzminister, dem Reichsminister des Innern, dem Reichstag, dem Reichsgericht, dem Reichsfinanzhof, dem Reichverwaltungsgericht, der Reichsbank. Im ganzen vielleicht zehn Mitglieder. Zur Beschlußfassung wäre die Teilnahme von sieben Mitgliedern erforderlich. Die Beschlüsse ergehen mit Stimmenmehrheit; bei Stimmengleichheit Stichentscheid des Vorsitzenden. Soweit Zahlenbeträge festzusetzen sind, gilt der Mittelbetrag der von den einzelnen Abstimmenden genannten Beträge; die Kammer kann jedoch (mit Stimmenmehrheit) nach ihrem Ermessen die so gewonnene Durchschnittszahl nach unten oder oben runden. Ihren Vorsitzenden und ihre Geschäftsordnung bestimmt sich die Kammer selbst.

Da die Verhältniszahlen amtlich bekannt gegeben würden, wären Schuldner und Gläubiger in der Regel ohne weiteres in die Lage versetzt, die Umrechnung selbst vorzunehmen und das könnte bequem erleichtert werden, indem klar angeordnete Umrechnungstafeln („Faullenzer") auf Grund der jedesmaligen Neubestimmung einer Verhältniszahl amtlich ausgegeben würden. Aber da nicht überall die Sachlage einfach ist, so würde sich zur Verhütung unnötiger Streitigkeiten dringend empfehlen, ein vereinfachtes Feststellungsverfahren einzurichten. Ich denke mir das ungefähr so: Schuldner wie Gläubiger sind berechtigt, eine amtliche Bestimmung der maßgebenden Zahlen zu beantragen. Diese Aufgabe wird den Amtsgerichten übertragen. Vor der Entscheidung wird der Gegner gehört. Die Form des Verfahrens soll möglichst frei und ins Ermessen des Gerichts gestellt sein. Das Amtsgericht erhebt eine mäßige Gebühr (vielleicht 1 v. T. des Betrages) und zwar stets vom Gläubiger und Schuldner je zur Hälfte. Nach der Entscheidung des Amtsgerichts kann jeder Teil auf die Entscheidung des Landgerichts (in der Besetzung mit drei Richtern) antragen. Wer das Landgericht aufruft, ohne damit eine Änderung des amtsgerichtlichen Spruches zu erreichen, trägt insoweit die landgerichtlichen Kosten; im übrigen bestimmt das Landgericht über die Kostentragung nach seinem Ermessen. Die Kosten des landgerichtlichen Verfahrens sind 3 v. T. des Betrags. Jeder Teil kann, beim Amtsgericht wie beim Landgericht, ein beschleunigtes Verfahren beantragen; hiefür doppelter Gebührensatz. Erweist sich ein umständlicheres Verfahren (Zeugenvernehmung, Urkundenprüfung) als erforderlich, so kann das Gericht eine Erhöhung der Gebühr bis auf das Zehnfache der ordentlichen verfügen. Die Entscheidung des Amtsgerichts und dann die des Landgerichts sind zunächst entscheidend für jedes auf Grund ihrer zwischen Gläubiger und Schuldner stattfindende Rechtsgeschäft. Eine Anspruchtilgung in dem so festgesetzten Betrage kann also nicht verweigert, die Annahme nicht abgelehnt werden. Aber jeder Teil kann sich bei Zahlung und Annahme seine Rechte vorbehalten. Vorbehaltene Rechte können im ordentlichen Rechtsstreit ausgetragen werden. Amtsgericht und Landgericht können sich von der Geldwertungskammer Aufschlüsse erholen. Die Geldwertungskammer kann, sei es auf Anruf, sei es von sich aus, allgemeinverbindliche Regeln und Weisungen für die Wertfestsetzung erlassen. Für die hieraus der Kammer erwachsende Aufgabe und zugleich für die Beschaffung aller für die Ermittlung und Festsetzung der Geldwertverhältniszahlen nötigen Unterlagen setzt sie aus ihrer Mitte einen ständigen Ausschuß von fünf Mitgliedern ein.

III. Bedenken und Schwierigkeiten.

Es ist klar, daß die Durchführung des Gedankens der abstufenden Wertung manche Schwierigkeiten zu überwinden hätte. Auch würde es gewiß nicht ohne Unzuträglichkeiten abgehen. Es kann sich also nur fragen, ob diese so gewichtig wären, daß daran der Gedanke überhaupt scheitern müßte, oder ob nicht gegenüber manchen Nachteilen die Vorteile entscheidend überwögen.

Auch wäre es verfehlt, Mängeln oder Mißerfolgen ähnlicher Versuche ausschlaggebendes Gewicht beizumessen. Was ähnlich scheint, kann doch wesentlich verschieden sein im Grundgedanken oder in entscheidenden Einzelheiten der Anlage. Sie aber bestimmen über den Wert und die Durchführbarkeit der Sache.

1. Lehren aus den geschichtlichen Vorbildern.

Das sächsische Mandat und das preuß. Edikt weisen Wege, einiger solcher Schwierigkeiten Herr zu werden, und wir können aus der damals geschaffenen Ordnung gute Lehren ziehen; denn die Verhältnisse von damals und die von heute sind doch wohl nur dem Umfange und nicht der Art nach von einander verschieden.

So ist hier aus dem sächsischen Mandat die Bestimmung zu nennen: Soferne während des Münzverfalls Gesinde- und Handwerkslöhne in einem höheren Betrage vereinbart worden und der

Vertrag zur Zeit der neuen Münzeinrichtung noch besteht, ist die Entrichtung solcher Löhne auf dasjenige, was vor dem Kriege gewöhnlich gewesen, zu mindern. Das war eine Regelung von erfrischender Einfachheit, von der nur leider bezweifelt werden muß, ob sie sich so ohne weiteres auf unsere Verhältnisse übertragen ließe. Aber immerhin zeigt die Vorschrift, daß man damals auch die Höhe von Lohn und Gehalt der gebotenen Höhenberichtigung unterzogen hat. Weiter enthält sodann das ganz ins einzelne gearbeitete preuß. Edikt die sehr bemerkenswerte Vorschrift: Auch wenn der Gläubiger seine Forderung an einen andern um eine höhere oder geringere Summe als die Forderung beträgt abgetreten, oder bei der Abtretung ein höheres oder geringeres Aufgeld als das im Edikt angeordnete erhalten habe, so solle es bei diesem Veräußerungsvertrag sein Bewenden haben, also weder der abtretende noch der neue Gläubiger gegeneinander einen Anspruch zu machen, noch der Schuldner weniger zu zahlen verpflichtet sein, als in der Schuldverschreibung versprochen.

2. Im besondern der Gläubiger- oder Schuldnerwechsel des Anspruchs.

Gerade die letzte, kluge und angemessene Regelung müßte auch für unsere Zeit durchaus gelten (abgesehen natürlich etwa von Fällen betrügerischen Vorgehens). Maßgebend kann in der Tat nur die Höhe des Anspruches selbst sein, und ein Wechsel in der Person von Schuldner oder Gläubiger müßte ohne Einfluß bleiben auf die Wertung. Vielfach wäre es ja auch geradezu unmöglich, dem Wechsel in der Person nachzugehen; man denke etwa an ein Wertpapier, das in kurzer Zeit mehrmals den Besitzer gewechselt hat. So kann es freilich kommen, daß jemand dadurch Schaden leidet, daß er sich von einer aus der Vorkriegszeit stammenden Forderung freiwillig oder unfreiwillig getrennt und dafür einen gleich hohen Papiergeldanspruch erworben hat, und es kann von größter Bedeutung sein, ob jemand bei Anlage seines Vermögens Schuldverschreibungen aus der Vorkriegszeit oder Papiergeldwerte erwarb zu einer Zeit, die eine Verschiedenbewertung der Kurse aus diesem Gesichtspunkt noch nicht kannte. Aber solche Fälle sind ja doch keineswegs die Regel. Der Gläubiger, dem eine Hypothek aus der Vorkriegszeit zurückbezahlt worden ist, hat vielleicht Pfandbriefe älterer Ausgabezeit dafür gekauft. Für den Aktienbesitz ferner kommt eine Wertung nach der „Entstehungszeit des Anspruches" überhaupt nicht in Frage. Die Aktie gewährt einen Bruchteil am Werte des Unternehmens. Auch die junge eben erst geschaffene Aktie muß darum der Aktie aus der Vorkriegszeit an Werte gleich sein.

3. Abwägung der Vorteile und Nachteile.

Aber daß hier Härten eintreten werden, und daß sie unvermeidbar sind, ist allerdings außer Zweifel; doch das preußische Edikt hat sich hieran nicht gestoßen, und wir können es auch nicht. Wo eine Maßnahme von so großer Tragweite in Frage ist, muß die ängstliche Rücksicht auf den Einzelnen zurückstehen. Wen es träfe, der müßte es sich als persönliches Pech anrechnen — und hätte er einst seine Pfandbriefe verkauft, um Kriegsanleihe dafür zeichnen zu können. Man darf da nicht künstlich Sachverhalte, bei denen der Betroffene schwer zu Schaden käme, aufbauen, um von der Maßnahme abzuschrecken.

a) Gewiß ist es schlimm, wenn eine Sparkasse die Einlagen, die vor dem Kriege eine Million betrugen, nun mit 4½ Millionen zurückzahlen sollte, nachdem an Stelle ihrer einst ausgegebenen und kürzlich zum Nennbetrag zurückbezahlten Hypotheken jetzt junge getreten sind in demselben Geldbetrag; oder wenn eine Versicherungsgesellschaft aus den vor dem Kriege eingegangenen Verträgen die Beiträge trotz der Verschlechterung des Geldes in gleicher Zahlenhöhe erhalten und die Gelder in jungen Hypotheken angelegt hat. Aber die Anlage des Geldes konnte ja auch in Werten aus der Goldzeit geschehen. „Wer hieß im Würfelspiel sie auch verlieren?" Ohnehin muß beachtet werden, daß es fraglich ist, ob der Betroffene durch die Maßnahme wirklich geschädigt würde, oder ob nicht vielmehr die Sachlage bloß die wäre, daß es jetzt nur ihm persönlich nicht möglich ist, aus der Maßnahme Nutzen zu ziehen, während sie allerdings bei anderer Verwaltung seines Vermögens auch ihm zum Vorteil gereichen mußte. Und wenn es zu Nachteilen kommt: sind nicht heute und nun schon seit Jahren viele Hunderttausende in schwerster Weise dadurch geschädigt, daß die Maßnahme der selbsttätigen Anpassung nicht bestanden hat und ihnen so ein Ausgleich ihres Einkommens gegenüber der Entwicklung der Gesamtwirtschaft vollständig versagt geblieben oder nur sehr verkürzt zuteil geworden ist? Viel rauher wäre der Eingriff einer unterschiedslos zufassenden Devalvierung, die alle Werte, wann immer entstanden, zurückschneiden möchte auf ein Zehntel, und doch wird er erwogen.

Gegenüber solchen Schäden für Einzelne stünde die außerordentlich bedeutsame Möglichkeit für das Gemeinwesen, im Laufe der Jahre wieder zu gesunderer Geldwirtschaft zurückzugehen, indem es ihm erspart bliebe, daß sich die in schlechtem Papiergeld eingegangenen Schuldverbindlichkeiten allmählich zu Goldgeldschulden verdichteten. Und weiter scheint es mir von höchster Bedeutung, daß durch die Maßnahme der abstufenden Wertung die hohe Ungerechtigkeit vermieden würde, die darin läge, daß den „neuen Reichen" die ihnen in den Schoß gefallenen Papiergeldvermögen durch die wiederaufbauende fleißige Arbeit eines ganzen Volkes allmählich zu hochwertigen Ansprüchen würden und damit die Vermögensverschiebungen, die seit dem Kriegsbeginn in unerhörter Weise sich vollzogen haben, eine Neuauflage von vielleicht noch stärkeren Ausmaßen erlebten. Hier aber stehen Werte in

Frage, die ein starkes Vielfache sind vor den Ansprüchen aus den Zeiten des Goldgeldes.

b) Ein Gedanke wird da freilich manchen schrecken: unsere Maßnahme hätte nämlich allerdings die Folge, daß die heutigen Anleiheschulden des Reichs und anderer Körperschaften dadurch für jetzt eine mächtige zahlenmäßige Erhöhung erführen mit einer entsprechenden Mehrung des Zinsendienstes. Aber es handelt sich doch bei der ganzen Maßnahme nur um eine Verschiebung innerhalb des Gesamtvolks. Auch im Falle einer „Devalvation" hätte das Reich statt einer Zinsenleistung in schlechtestem Papiergeld künftig in gutem Gelde zu bezahlen und die steuerliche Hereinholung der dazu benötigten Gelder könnte ihm in diesem Falle kaum leichter sein als die der zahlenmäßig höheren Beträge nach meinem Vorschlag. Es kann doch keinen sachlichen Unterschied begründen, ob bei unverändertem Gelde der Zahlenbetrag des Anspruchs erhöht wird, oder ob — in denselben Verhältnisse — der Zahlenbetrag gleich bleibt bei Senkung des Nennwerts des Geldes. Und nochmal sei auf den sehr wesentlichen Punkt hingewiesen: die Devalvation würde nicht nur die Ansprüche aus der Vorkriegszeit wieder in den vorigen Stand setzen, sondern auch die später entstandenen — diese aber nicht in den vorigen Stand, sondern weit darüber hinaus. Wenn wir uns eine Devalvation im Verhältnis von 5:1 vorstellen, dann würde (nach meiner Verhältniszahlenreihe) dem Geldbetrage, der im Jahre 1918 auf eine Anleihe gezeichnet wurde, nachträglich eine Werterhöhung aufs Doppelte, einer solchen aus dem Jahre 1919 gar eine Werterhöhung auf das Dreifache zuteil — und zwar, was wohl zu beachten ist, als eine Maßnahme mit Wirkung für immer, also auch wenn einst unser Wirtschaftsleben sich wieder kräftigen, unser Geldwesen wieder gesunden sollte. Jene unbegründete Werterhöhung würde bei meinem Vorschlage durchaus vermieden, und selbst die Zahlenerhöhung der Beträge schwände in dem Maße des Wiedererstarkens unseres Geldes. Man darf also, wenn man vor der Zahlenerhöhung zurückschreckt, die unsere Maßnahme brächte, nicht nur an die Gegenwart denken, sondern an die Zukunft einer hoffentlich wiederkehrenden Erholung unseres Geldes.

4. Dauerwirkung der Maßnahme.

Ein besonderer Vorteil der vorgeschlagenen Maßnahme scheint mir darin zu liegen, daß sie an keinen festen Tag gebunden wäre, und, wie schon früher bemerkt, nicht eine bloß einmalige einschneidende Umwertung brächte. Die „Devalvation" denkt man sich etwa so, daß in einem bestimmten Zeitpunkte das Geld auf einen Bruchteil seines Wertes zurückgeschnitten würde als auf einen „Dauerwert", den man sich vorstellt, oder seinen „inneren Wert". Aber wer möchte sich vermessen, diesen Dauerwert zahlenmäßig zu fassen? Es gibt ihn nicht; denn der Wert ist in seiner zahlenmäßigen Höhe wandelbar heute, wie er es immer gewesen ist, schon Jahrzehnte vor dem Kriege. Und wer möchte den Zeitpunkt erraten wollen, der der rechte wäre für die Durchführung der Maßnahme? Man wendet gegen die Forderung einer Devalvation ganz besonders — und mit Recht — ein, daß ihre Durchführung doch keine Gewähr böte gegen einen neuen Beginn des Spiels der Entwertung. Dieser Einwand gegen die Vorschläge einer „Devalvation" scheint mir in der Tat von ganz besonderem Gewichte. Durch die genannte Maßnahme wäre doch unmöglich der ganze Jammer unseres Geldwesens zu heben. Das Sinken des Geldwerts ist ja nur eine Äußerung und Erscheinungsform innerer Krankheit der Wirtschaft, und solange nicht deren Ursachen gründlich gehoben sind und der Wirtschaftskörper gesund geworden, ist es nicht möglich, eine feste Währung als das Ziel der Devalvation zu schaffen. So leidet diese Maßnahme, mag sie im übrigen gestaltet werden wie immer, an dem den Gedanken notwendig vernichtenden Mangel, daß ein scharfer Schnitt gemacht und eine Ordnung geschaffen werden soll, die starr gelten sollte für alle Zukunft. Zu keiner Zeit mag der Gedanke der Schaffung eines wertbeständigen Geldes so sehr ein Luftgebilde gewesen sein wie in unserer heutigen Lage. Gäbe es also nur diesen Weg zur Heilung unseres Geldwesens, so stünde es schlimm. Dem gegenüber trägt der Vorschlag der abstufenden Wertung der Tatsache des ewig flutenden Wirtschaftslebens in vollem Maße Rechnung. Mag die Entwicklung mit dem Jahre 1921 aufwärts gehen, rasch oder langsam, mögen harte Rückschläge kommen; für jede mit einer solchen Entwicklung verknüpfte Änderung des Geldwerts wäre die Anpassung aller Werte durchaus gesichert.

Ein Umdenken ist hier freilich unerläßlich. Wir sprechen von Währung und bilden uns ein, wir hätten sie, wenn 1000 ℳ gleich 1000 ℳ sind. Man hat es sogar eine wohlbegründete und gesunde Maßnahme genannt, daß die Regierung an dieser Vorstellung festgehalten hat und daß also Geldschulden unabhängig von der Kaufkraft des Geldes nach dessen Nennwert getilgt werden müssen; eine solche Reglung sei geboten durch das Bedürfnis nach unbedingter Sicherheit des Kredites, denn der Gläubiger müsse wissen, was er zurückerhalte bei Fälligkeit seines Anspruchs, und müsse es wissen gerade nach der Höhe des Zahlenbetrags, auf eine schwankende Zahlenhöhe seines Anspruchs einzugehen sei er gewiß nicht geneigt. Mag sein, denn so hat man freilich bisher allgemein gedacht. Aber wie falsch es war schon in den Jahrzehnten vor dem Kriege und gar in den Jahren seitdem, habe ich in Zahlen gezeigt. Was gilt mehr: Daß ein Anspruch unverändert bleibt nach seiner Zahlenhöhe oder daß er gleich bleibt in seinem inneren Werte? Wir würden also nach Durchführung meines Vorschlags nicht mehr wie bisher mit festen Zahlenbeträgen der Ansprüche rechnen, sondern mit gleichbleibenden Werten. Wer aber einmal den Grundgedanken unseres Vorschlags der Anpassung erfaßt hat, dem wird solches Umdenken nicht schwer fallen. Das Verständnis dafür, daß ein Aufbau unseres Wirtschaftslebens auf gleichbleibenden Werten vor dem Aufbau auf festen Zahlen den Vorzug verdiente, sollte dem nicht schwer fallen, der die verheerenden Vermögensverschiebungen der vergangenen Jahre miterlebt hat und sich die sichere Wiederholung dieses Spiels während der erhofften Erholung unserer Wirtschaft vor Augen stellt.

5. Keine besonderen Voraussetzungen der Durchführbarkeit.

Damit steht im Zusammenhange, daß unsere Maßnahme nicht die Einführung eines besseren Geldes, etwa gar die Neubegründung der Goldwährung zur Voraussetzung hätte. Sie ist grundsätzlich ohne Gold möglich, ohne höhere Notendeckung, ohne strenge Begrenzung des Umlaufs an Geldzeichen. Verbesserungen des Münzwesens dieser Art würden zur Hebung des Geldwerts führen. Aber diese muß nicht zuerst da sein, um die abstufende Wertung darauf zu begründen. Preußen und Sachsen konnten nach dem Siebenjährigen Kriege neue gute Münzen schlagen und die alten schlechten aus dem Verkehr ziehen. Anderwärts mochten siegreiche Völker ihr eigenes krankgewordenes Geldwesen verbessern durch Auspressen eroberter Gebietsteile oder mit den Kriegslasten, die man dem Besiegten auferlegte. Es ist ein Vorzug in unserer Lage, daß eine Verbesserung der Geldwirtschaft möglich ist auch ohne jene Mittel, die uns versagt sind.

Eine Abstempelung der Geldzeichen kommt, wie ich kaum eigens zu sagen brauche, für unsere Maßnahme gar nicht in Frage. Man wird das nicht bedauern, da man mit Abstempelungen schon unerfreuliche Erfahrungen gemacht hat. Übrigens werden die versteckten Noten wohl von selbst zutage kommen, wenn durch unsere Maßnahme für eine offene und klare Herstellung des richtigen Wertverhältnisses zwischen Geldansprüchen und Noten gesorgt wird.

6. Maßnahmen für die Übergangszeit.

Mißstände freilich, die sich aus der Überleitung der heutigen Geldwirtschaftsordnung in die vorgeschlagene ergeben würden, lassen sich nicht vermeiden. Es ist ja natürlich ausgeschlossen, daß eine Maßnahme von solcher Tragweite als ein fertiges Erzeugnis eines Tages der staunenden Welt verkündet würde. Es kommt also eine Zeit der Erwägungen, eine Zeit der Unsicherheit, während deren sich das Wirtschaftsleben allmählich auf den neuen Zustand einstellen kann. Vielleicht ist es gut, die Überleitung geschieht in dieser Weise. Alle Ansprüche aus Zeiten besseren Geldwerts werden dann demgemäß eine Höherbewertung erfahren in dem Maße, wie das

Wirtschaftsleben bestimmter mit der Schaffung unserer Maßnahme rechnen würde. Die Börse wird die festverzinslichen Papiere nach ihrem Alter umbewerten, und so wird wenigstens ein Teil der unvermeidlichen Schäden aus der Umgestaltung auf die Schultern vieler verteilt. Börsenkniffe werden gewiß nicht ausbleiben, und die Welt wird die Devalvationsgewinnler erleben, wie sie die Kriegsgewinnler und Revolutionsgewinnler gesehen hat. Denn keine wirtschaftliche Umstellung ist möglich, ohne daß findige Schmarotzer daraus Gewinn ziehen. Aber dürfte man hieran einen Fortschritt scheitern lassen?

Nicht zu entbehren wird vielleicht eine Übergangsmaßregel sein mit dem Ziele, zu verhüten, daß von dem Zeitpunkt an, da die Einführung unserer Maßnahme ernstlich erwogen würde, Schuldner mit allen möglichen Mitteln trachteten, die einst in gutem Gelde aufgenommenen Schulden noch rasch mit schlechtem Papiergeld zu tilgen. Es wird möglich sein, bei Erlassung des Gesetzes solchen Zahlungen eine verschieden bemessene wirtschaftliche Kraft zu verleihen, nämlich abgestuft nach dem Maße, wie die Einführung der abstufenden Wertung an Wahrscheinlichkeit zugenommen hat.

7. Einwirkung auf einige besondere Arten von Geldansprüchen.

Im übrigen sind manche Bedenken und Schwierigkeiten nur scheinbar. So mag hier kurz der Einwirkung der Maßnahme auf die Mietverträge kurz gedacht werden. Ein Mietverhältnis, bei dem im Laufe seines Bestehens der Mietpreis erhöht worden ist, würde darum doch als das alte weiter zu gelten haben; aber darüber hinaus würde auch dann, wenn der Mieter gewechselt hat, ein im Jahre 1920 geschlossener Mietvertrag nicht als jetzt erst abgeschlossen anzusehen sein, so daß ein vereinbarter Mietpreis von 1800 ℳ nur gleich 400 guten Mark = 1800 Papiermark zu werten wäre, während der Mietpreis eines Mieters im nächsten Stockwerk, weil 1914 mit 1200 ℳ vereinbart, jetzt regelrecht 1200 gute Mark gleich 6000 Papiermark betrüge. Die Personenreihe der aufeinanderfolgenden Mieter (oder Vermieter) würde als eine Einheit zu gelten haben.

Eine Schwierigkeit anderer Art liegt in der Frage, wie sich der Auslandsverkehr mit unserer Maßnahme abfinden würde. Die Frage ist gewiß von besonderer Bedeutung. Aber unsere Maßnahme der Anpassung liegt ja gerade in derselben Richtung, wie sich der Auslandsverkehr gegen Verluste aus dem Sinken des deutschen Geldwertes sichert. Die Entwertung unseres Geldes hat dazu geführt, daß sich der ausländische Verkäufer die Befriedigung seiner Ansprüche in Gold ausbedingt, und dabei würde es eben auch künftig bleiben, bis einst nach Jahren Deutschlands Wirtschaft den schweren Schlag verwunden haben würde.

Daraus aber, daß sich viele Milliarden deutschen Papiergeldes im Auslande befinden, würde für unsere Maßnahme erst recht keine Schwierigkeit entstehen. Denn am Gelde und seiner Wertung würde ja nach unsern früheren Ausführungen gar nichts geändert. Es kann also der abschreckende Gedanke nicht auftauchen, daß sich hier so etwas wie ein versteckter Staatsbankerott vollziehe.

IV. Mittelbare Wirkungen der Maßnahme.

Daß die vorliegende Abhandlung in einer Schrift vereinigt mit Arbeiten über Warenpreisberechnung und Steuerfragen erscheint, bedarf noch kurz der Rechtfertigung.

Sie ist entstanden aus der Befassung mit jenen wichtigen Fragen des Wirtschaftslebens und es besteht ein enger Zusammenhang derart, daß ich die auf jenen Gebieten bestehenden Schwierigkeiten und Widersprüche für überhaupt unlösbar halte, wenn nicht zuerst für eine Einrichtung gesorgt wird, die die Veränderungen des Geldwerts in einem wirtschaftlich gerechtfertigten Maße sicher und selbsttätig ausgleicht.

1. Geldentwertung und Steuerrecht.

Darüber brauche ich an dieser Stelle kein Wort zu verlieren, daß ein Steuerrecht hart und ungerecht ist, wenn es sich ganz allgemein über die wuchtige Tatsache des gesunkenen Geldwerts hinwegsetzt oder sie nur kennt bei der Bewertung der landwirtschaftlichen Güterwerte und Einkommen. Ich will im Folgenden an einem zahlenmäßigen Beispiele zeigen, wie sich die Wirtschaftslage eines Unternehmens nach der heute üblichen Bewertungsweise darstellt und wie sie in Wirklichkeit ist, wenn wir die Geldentwertung berücksichtigen — **wohlgemerkt nicht etwa in dem hohen Grade, wie es oft, nach meiner Auffassung stark übertreibend, gefordert wird, nämlich etwa in einer Umrechnung von 1:10 oder gar 15,** sondern nur nach dem Maßstab der von mir aufgestellten schematischen Verhältniszahlenreihe.

a) Ein Zahlenbeispiel (s. S. 64 bis 67).

b) Einige Bemerkungen mögen zur Erläuterung dienen.

Zu 1. „Überteuerung“. Die Anschaffungskosten der ergänzenden Anlage waren 300 000 *M*; dazu ist in dem Beispiel angenommen, der Preis wäre damals das Doppelte des Friedenspreises gewesen. Darin lag dann eine Preissteigerung von 100 auf 200, also eine höhere als dem Umrechnungsverhältnissatz des Jahres 1916 entsprochen hätte, da hier nach unserer schematischen Reihe das Verhältnis nur 100:120 betrug. In dem Unterschiede von 200 gegen 120 (= 80) liegt dann das Maß einer „Überteuerung“, und der Betrag dieser Überteuerung berechnet sich demnach in unserm Falle auf $300\,000 \times \frac{100}{200} \times \frac{80}{100}$. Für diese Überteuerung kann nicht nur die gewöhnliche Abschreibung in Frage kommen, vielmehr ist es im Sinne des § 261 HGB. geboten, einen solchen Überteuerungsbetrag alsbald abzuschreiben, wenn die Herstellungskosten gegen die Anschaffungszeit der betreffenden Anlage inzwischen zurückgegangen sind, und zwar in dem Maße dieses Rückgangs. Aber es fragt sich, ob nicht schon vor einem solchen Rückgang wegen der Möglichkeit (oder Wahrscheinlichkeit) seines Eintritts, in der Jahresabrechnung erhöhte Abbuchungen vorzunehmen sind. Ich habe versuchsweise und unmaßgeblich eine Verteilung des Überteuerungsbetrags auf fünf Jahre angenommen, würde aber eine solche Gestaltung dahin ergänzen, daß für ein Geschäftsjahr, in welchem die Überteuerung tatsächlich stärker zurückgegangen wäre als einem Fünftel des Überteuerungsbetrages entspricht, statt dieses Fünftels der treffende wirkliche Betrag des Rückgangs abzuschreiben wäre. In unserem Beispiel ist indessen nur die Verteilung des Überteuerungsbetrags auf fünf Jahre in Rechnung gestellt, und sonach sind, da die im Jahre 1916 angeschaffte Maschine nun fünf Jahre in Benützung war, 5 Fünftel des Überteuerungsbetrages abgeschrieben. Hiebei und für den Restbetrag nach Abzug des Überteuerungsbetrages, also 300000—120000 = 180000 (oder $\frac{300000}{2} \times \frac{120}{100}$) gilt dann zugleich die abstufende Wertung.

Zu 2. Was für den Zugang von 300000 ℳ gesagt ist, gilt entsprechend auch für die spätere Anlage um 9000000 ℳ. Hier habe ich angenommen, der Preis habe das Fünfzehnfache des Friedenspreises betragen, also ein Verhältnis von 1500:100. Von den $\frac{1500}{100}$ unterliegen dann $\frac{450}{100}$ der gewöhnlichen Abschreibung, während ein Anteil von $\frac{1050}{100}$ als Überteuerungsbetrag zu gelten hat. Das sind $9000000 \times \frac{100}{1500} \times \frac{1050}{100} = 6300000$ ℳ, und da die Maschine nun ein Jahr im Betrieb gewesen, ist ein Fünftel des Überteuerungsbetrages abgeschrieben; der Rest von 2700000 ℳ wird in gewöhnlicher Weise abgeschrieben. Für beide Teilbeträge aber gilt zugleich die abstufende Wertung.

Zu 3. Ein höherer Abschreibungssatz (10% gegen 7½ bei der älteren Anlage) ist gewählt wegen der weniger gediegenen Kriegsausführung der neuen.

Zu 4. Hier ist die nach meinem Vorschlag zu wählende Verteilung des Überteuerungsbetrages angenommen; natürlich wäre es, da die Schätzung nicht anders als gefühlsmäßig geschehen konnte, ein reiner Zufall, wenn die Firma bei der Jahresabrechnung gerade auf die Zahlen gekommen wäre, die ich in der angegebenen Weise rechnungsmäßig gefunden habe.

Zu 5. Für die Jahresabrechnung müssen alle ins Unternehmen gesteckten Kapitalien umbewertet werden nach dem Zeitpunkte ihrer Einlegung. Das muß bei dieser Berechnung auch für das

Jahresabschluß für 1921.

Aufgestellt unter der Herrschaft der abstufenden Währung.

Vermögenswerte.				
1. Grundstücke, erworben 1910				
um 800 000 Mk.	$\times \frac{500}{100} =$			4 000 000
2. Gebäude, erbaut 1910,				
um 400 000 Mk.	$\times \frac{500}{100} =$	2 000 000		
Abschreibung .	$10 \times 3\% =$	600 000		
erbaut 1917,			1 400 000	
um 450 000 Mk.	$\times \frac{500}{150} =$	1 500 000		
Abschreibung	$4 \times 3\% =$	180 000		
			1 320 000	
3. Maschinenanlage, eingerichtet 1910,				2 720 000
um 2 000 000 Mk. .	$\times \frac{500}{100} =$	10 000 000		
Abschreibung .	$10 \times 7\frac{1}{2}\% =$	7 500 000		
Zugang 1916,			2 500 000	
Anschaffungskosten 300 000 Mk., hievon:				
a) Überteuerung:				
120 000 Mk.	$\times \frac{500}{120} =$	500 000		
Abschreibung .	$\frac{5}{5} =$	500 000		
			0	
b) Restbetrag:				
180 000	$\times \frac{500}{120} =$	750 000		
Abschreibung	$5 \times 10\% =$[3]	375 000		
Zugang 1920,			375 000	
Anschaffungskosten 9 000 000 Mk, hievon:				
a) Überteuerung:[2]				
6 300 000 Mk.	$\times \frac{500}{450} =$	7 000 000		
Abschreibung	$\frac{1}{5} =$	1 400 000		
			5 600 000	
b) Restbetrag:				
2 700 000 Mk.	$\times \frac{500}{450} =$	3 000 000		
Abschreibung	$1 \times 10\%$[3] $=$	300 000		
			2 700 000	
				11 175 000

Jahresabschluß für 1921.

Aufgestellt nach der bisherigen Berechnungsweise.

Vermögenswerte.				
1. Grundstücke,				
erworben 1910				
um				800 000
2. Gebäude,				
erbaut 1910,				
um		400 000		
Abschreibung	10 × 3 % =	120 000		
			280 000	
erbaut 1917,				
um		450 000		
Abschreibung	4 × 3 % =	54 000		
			396 000	
				676 000
3. Maschinenanlage,				
eingerichtet 1910,				
um		2 000 000		
Abschreibung	10 × 7,5 % =	1 500 000		
			500 000	
Zugang 1916,				
Anschaffungskosten 300 000 Mk., hievon:				
a) Überteuerung		120 000		
Abschreibung	$^5/_5$ [4] =	120 000		
			0	
b) Restbetrag		180 000		
Abschreibung	5 × 10 % =	90 000		
			90 000	
Zugang 1920,				
Anschaffungskosten 9 000 000 Mk., hievon:				
a) Überteuerung		6 300 000		
Abschreibung	$^1/_5$ [4] =	1 260 000		
			5 040 000	
b) Restbetrag		2 700 000		
Abschreibung	1 × 10 % =	270 000		
			2 430 000	
				8 060 000

4. Hinterlegte Wertpapiere,			
Pfandbriefe aus 1912: $20000 \times \frac{500}{100} =$		100 000	
1818: $20000 \times \frac{500}{200} =$		50 000	
			150 000
5. Kasse			100 000
6. Wechsel, Schecks			300 000
7. Bankguthaben.			200 000
8. Ausstände. .			2 500 000
9. Warenbestände			7 000 000
10. Verlust			11 881 000
			40 026 000
Zur Deckung des Verlustes stehen zur Verfügung:			
die Sonderrücklage zu	500 000		
die ordentliche Rücklage zu	4 250 000		
Summe	4 750 000		
so daß als ungedeckter Verlust bleibt	7 131 000		
berechneter Verlust	11 881 000		
Schulden.			
1. Aktienkapital:			
aus 1910: 2 500 000 Mk. $\times \frac{500}{100} =$ [5]		1 250 000	
1919: 4 500 000 Mk. $\times \frac{500}{300} =$		750 000	
			20 000 000
2. Schuldverschreibungen:			
aus 1915: 1 000 000 Mk. $\times \frac{500}{100} =$		5 000 000	
1919: 3 000 000 Mk. $\times \frac{500}{300} =$		5 000 000	
			10 000 000
3. Ordentliche Rücklagen:			
aus der Zeit bis einschl. 1915:			
550 000 Mk. $\times \frac{500}{100} =$ [6]		2 750 000	
aus 1918: 400 000 Mk. $\times \frac{500}{200} =$		1 000 000	
1920: 450 000 Mk. $\times \frac{500}{450} =$		500 000	
			4 250 000
4. Sonderrücklage:			
aus 1920: 450 000 Mk. $\times \frac{500}{450} =$			500 000
5. Buchschulden			5 276 000
			40 026 000

4. Hinterlegte Wertpapiere,			
Pfandbriefe aus 1912	20 000		
1918	20 000		40 000
5. Kasse			150 000
6. Wechsel, Schecks			100 000
7. Bankguthaben.			200 000
8. Ausstände			2 500 000
9. Warenbestände			7 000 000
			19 676 000

Schulden.

1. Aktienkapital:		
aus 1910	2 500 000	
aus 1919	4 500 000	7 000 000
2. Schuldverschreibungen:		
aus 1915	1 000 000	
aus 1919	3 000 000	4 000 000
3. Ordentliche Rücklagen:		
bis 1915	550 000	
aus 1918	400 000	
aus 1920	450 000	1 400 000
4. Sonderrücklage:		
aus 1920		450 000
5. Buchschulden		5 276 000
6. Reingewinn.		1 550 000
		19 676 000

Aktienkapital selbst gelten, obwohl — wegen der Natur der Aktie als Eigentumsanteil — keine Verschiedenbewertung sortengleicher Aktien im Verhältnis der Anteilseigner gilt.

Zu 6. Das zu 5 Gesagte gilt auch für die Rücklagen. Sie sind wirtschaftlich ein ins Unternehmen gestecktes eigenes Kapital der Aktionäre.

c) Daß hier die Klarlegung der wirklichen Sachlage den Steueranspruch des Reiches — für dieses Jahr — auslöschen würde, ist bedauerlich für die Finanzverwaltung, die dadurch in die Notwendigkeit versetzt wird, eine andere, gerechtere Besteuerungsweise auszuarbeiten. Aber es geht nun einmal nicht an, die Vorstellung von Wertzuwachs und Geschäftserträgen aufrechtzuerhalten, wo alles nichts weiter ist als eine Verwässerung, aller „Gewinn" in Wahrheit nichts als eine Auseinanderzerrung der früheren Werte.

2. Die kaufmännische Bewertung der Unternehmungen.

In innigem Zusammenhang mit der Frage des Steuerrechts steht hier die der kaufmännischen Bewertung der Unternehmungen selbst und ihrer wirtschaftlichen Erfolge. So klar es ist, daß wir hier vor Wahngebilden stehen, so ist doch die Geschäftswelt selbst an ihrer Erhaltung mit schuld, wenn es richtig ist, was eben erst Helfferich im Bankarchiv (vom 1. April 1921) gesagt hat, daß nämlich die Einsicht in die wirkliche Lage bei den verantwortlichen Leitern unserer Betriebe vielfach noch nicht entfernt in dem erforderlichen Maße entwickelt sei. Wer da also glaubt, „im Gelde zu schwimmen", und durch Dividendenausschüttung, durch die Verteilung eines Bonus, durch Ausgabe junger Aktien zum Nennwert, sich das Geld vom Halse schaffen zu müssen, der sollte sich auch nicht beklagen über Begehrlichkeit des Steuerfiskus.

Aber freilich, was ist auch viel mit klarerer Einsicht geholfen, was nützt eine Belehrung darüber, daß der Bilanzgewinn von heute „Schein ist, nicht Sein", da eine der Wirklichkeit gemäße Aufstellung der Jahresrechnung (wie sie das mitgeteilte Beispiel zeigt) im Gesetz keinen Boden hat. Solange die alte Buchungsweise beibehalten werden muß, bleibt die Sachlage notwendig verschleiert.

Aber gegenüber diesem Schein muß vor allem das Wirtschaftsleben selbst um seiner Gesundung willen zur Klarheit zu kommen trachten. Es ist ganz hoffnungslos, Begehrlichkeit und Neid im Innern bekämpfen zu wollen durch den noch so begründeten und wahren Hinweis darauf, daß 30 v. H. Dividende weit weniger ist als 15% vor dem Kriege. Und aller Klagen über die Nöte des deutschen Wirtschaftslebens spotten unsere äußeren Feinde, solange durch die Zahlen unserer Jahresabschlüsse „glänzende Geschäfte" ausgewiesen werden, und wir machen es denen, die selbst hinter den Schleier der trügerischen Zahlen zu schauen verstehen, gar zu leicht, sich böswillig so zu stellen, als glaubten auch sie an den schönen Schein.

Ich glaube der Geschäftswelt ernstlich empfehlen zu sollen, es möchte sich niemand die Mühe verdrießen lassen, zu seiner persönlichen Belehrung die letzte Jahresabrechnung seines Unternehmens nach Maßgabe meines Vorschlages umzurechnen. Er wird dann sehen und mag, wenn es ihm nützlich scheint, andern die Augen darüber öffnen, wie es in Wirklichkeit steht. Einige solche Veröffentlichungen würden weit mehr Nutzen stiften als langatmige Ausführungen allgemeiner Art.

Zu bemerken ist übrigens noch, daß die Umrechnung in meinem Zahlenbeispiel ein gar so niederschmetterndes Ergebnis deshalb bringen mußte, weil sie die Abschlußsünden von Jahren auf einmal aufdeckt. Was jetzt als Millionenverlust erscheint, ist die Buße für die im Laufe von Jahren zu viel ausgeschütteten Dividenden. Wäre die richtige Buchungsweise schon während des Krieges durchgeführt worden, so konnte sich immerhin jährlich eine Dividende ergeben, aber in erheblich geringerer Höhe als die wirklich verteilten. Übrigens ist auch möglich, daß in unserem Beispiel (dem eine kürzlich veröffentliche Bilanz eines Unternehmens zugrunde liegt) die Warenbestände geflissentlich zu niedrig bewertet sind, um eine stille Reserve zu schaffen: eine Maßregel, die entbehrlich wäre bei einer Abrechnungsweise, die nicht zu Verschleierungen zwingt.

3. Geldentwertung und Warenpreise.

Auch für die Frage der Warenpreisbemessung spielt der Geldwert eine wichtige Rolle. Ich möchte nach einer doppelten Richtung hier noch kurz darauf eingehen.

a) Zunächst sei auch hier ein Zahlenbeispiel als Grundlage gegeben. Die ihm folgenden Bemerkungen mögen zur näheren Erläuterung dienen. (Siehe S. 70, 71).

b) Hiezu sei bemerkt:

Zu 1. Fünfmal d. i. (auf Grund unserer Verhältniszahlenreihe von 100:500 für die Zeit von vor dem Kriege gegenüber 1921) umgerechnet aus Goldmark in Papiermark. Hiebei ist natürlich vorausgesetzt, daß die von mir geforderte Anpassung an die Änderungen der allgemeinen Wirtschaftslage (oder die abstufende Wertung) allgemein durchgeführt ist und der Kaufmann auch für seine Geschäftsverbindlichkeiten in diesem Maße erhöhte Zinsbeträge aufzubringen hat.

Zu 2. Schematisch angesetzte Beträge.

Zu 3. Ein Hundertsatz ist gewählt, weil die Unkosten im einzelnen schwer zu erfassen sind. Soweit sie erfaßbar sind, wird es vorzuziehen sein, die wirklichen Zahlen einzusetzen. Ein Ansatz von 12% ist willkürlich und hat nur Anschauungswert.

Warenpreis- und Gewinnberechnung.

Gesamtumsatz des Geschäftes im Jahre

Betriebskapital (Anwesen und Einrichtung)

Umschlagszeit der einzelnen Warenmenge: ein Vierteljahr.

Preisberechnung für eine Tonne:

Einkaufspreis der Tonne

Anteil an der Verzinsung des Betriebskapitals

Verzinsung des Einkaufspreises (auf ein Vierteljahr)

Steuern des Geschäftsbetriebs, Anteil

Sonstige Unkosten auf die Einzelware und Anteil an den allgemeinen Geschäftskosten, soweit nicht schon berücksichtigt

Risikoprämie

Unternehmerlohnanteil

Reingewinnanteil

Aufschlag auf den Einkaufspreis

D. i. in Prozenten des Einkaufspreises

Gesamtjahresumsatz (nach den Verkaufserlösen)

Einnahme eines Jahresbetriebs an Unternehmerlohn und Unternehmergewinn

---

Hundertsatz dieser Unternehmereinnahmen gegenüber dem Gesamtjahresumsatze (gleich dem Anteil dieser Einnahmen an dem Tonnenverkaufspreis)

Vor dem Kriege:		**Heute (1921):**	
300 Tonnen		**200 Tonnen**	
	300 000 Mk.	5 × 300 000[1] =	1 500 000.—
	1000.—		20 000.—
$\frac{300\,000 \times 0{,}05}{300} =$	50.—	$\frac{1\,500\,000 \times 0{,}05}{200} =$	375.—
$\frac{1000 \times 0{,}05}{4} =$	12.50	$\frac{20\,000 \times 0{,}05}{4} =$	250.—
$\frac{1500}{300}$[2] =	5.—	$\frac{20\,000}{200}$[2] =	100.—
12 % von 1000[3] =	120.—	10 × 120[4] =	1 200.—
2 % von 1000[5] =	20.—	6 % von 20 000[5] =	1 200.—
$\frac{15\,000}{300}$[6] =	50.—	$5 \times 50 \times \frac{300}{200}$[7] =	375.—
$\frac{6000}{300}$[6] =	20.—	$5 \times 20 \times \frac{300}{200}$[7] =	150.—
	Summe 1277.50		Summe 23 650.—
	277.50		3 650.—
	27.75		18.25
300 × 1277,50 =	383 250.—	200 × 23 650 =	4 730 000.—
(50 + 20) × 300 =	21 000.—	(375 + 150) × 200 =	105 000.—
21 000 : 383 250 = 5,48 oder rund	5 1/2 %[8]	105 000 : 4 730 000 = 2,22 oder rund	2 1/4 %[8]

Zu 4. Das Zehnfache des Friedensbetrags ist angenommen entsprechend der erfahrungsmäßig ungefähr zehnfachen Steigerung der Preise im Durchschnitt.

Zu 5. Die Risikoprämie ist höher angesetzt wegen der schon in Anbetracht des hochgetriebenen Preises viel höheren Gefahr von Verlusten. Die Sätze sind natürlich nur schematisch. Sie werden je nach der Änderung der allgemeinen Wirtschaftslage, je nach der Art des Geschäftsbetriebes und der Ware, je nach der Persönlichkeit des Käufers und den vereinbarten Zahlungsbedingungen erheblichen Schwankungen unterliegen. Aber die Risikoprämie kann niemals mehr sein als eine Deckung der Gefahr, auf Grund einer Abwägung der Gewinn- und Verlustmöglichkeit des einzelnen Geschäfts oder des Geschäftsbetriebs im ganzen, darf niemals einfach die Ansetzung des höchstmöglichen Verlustes selber sein.

Zu 6. Ein schematischer Ansatz.

Zu 7. Das Fünffache der Beträge aus der Vorkriegszeit (wie unter 1). Dabei ist zu beachten, daß der Betrag eine Erhöhung erfahren muß im Verhältnis des Mengenumsatzes. Auf der einen Seite kann nicht die Höhe des Zahlenumsatzes (der vorliegend das Zwölffache des früheren ist trotz des geringeren Mengenumsatzes!) maßgebend sein für die Höhenänderung des Unternehmerlohnes und des Unternehmergewinns; es darf aber auch nicht der Rückgang des Mengenumsatzes (von 300 auf 200 Tonnen) zu einer Kürzung der beiden Erträge führen. Die wirtschaftliche Bedeutung des Unternehmens, der Wert der kaufmännischen Arbeit, die Notwendigkeit der Kapitalneubildung ist dieselbe geblieben, wenn das Geschäft zwar an Mengenumsatz entsprechend dem durchschnittlichen Niedergange der Wirtschaft gesunken ist, aber gleichwohl — und gerade insoferne — in demselben Verhältnisse zur Gesamtwirtschaft geblieben ist, welches ihr zukam vor dem Kriege.

Das Fünffache des Unternehmerlohns (oder richtiger gesagt: das Mehrungsverhältnis, wie es genau durch die Geldwertungskammer festgesetzt würde) gilt dabei als Mindestsatz. Es kann sich nämlich ergeben, daß bei der Art des einzelnen Betriebes, obwohl er die Arbeitskraft des Unternehmers ganz in Anspruch nimmt, doch bei nur fünffacher Mehrung das „Existenzminimum" nicht herauskommt. Ein Betrieb, der im Jahre 1914 2000 abgeworfen hat, würde jetzt mit 10000 ℳ in einer Großstadt den Unternehmer mit seiner Familie nicht mehr ernähren. Es wird daher angemessen und nötig sein, hier ein höheres Vielfache anzusetzen. Das trifft nun aber natürlich nicht auch auf den Unternehmergewinn zu.

Zu 8. Der Unterschied der Hundertsätze $5^1/_2$ und $2^1/_4$ zeigt das Ergebnis, wenn die verschiedenen Berechnungsweisen bei den einzelnen Posten ineinanderspielen. Ein gleichmäßiger Hundertsatz ($5^1/_2$% auch heute) würde für den Unternehmer einen

Gesamtbetrag an Unternehmerlohn und Unternehmergewinn von $\frac{5\frac{1}{7}}{2\frac{1}{4}} \times 105\,000 = 256\,666$ ℳ bedeuten, würde die Ware stark verteuern und enthielte eine ungerechtfertigte Bevorzugung der Geschäftswelt gegenüber der durchschnittlichen Wirtschaftsentwicklung des Gesamtvolks. Eine solche Reglung würde ebenso zu ihren Gunsten über das Ziel hinausschießen, wie es eine ungerechtfertigte Verkürzung wäre, wenn der Unternehmerlohn und der Unternehmergewinn nicht nach dem vollen Maße der durchschnittlichen Geldwertänderung erhöht würde.

c) Vorstehend ist zu 3 bemerkt, daß die allgemeinen Geschäftskosten in einem Hundertsatz des Wareneinkaufspreises angenommen oder daß sie nach der Wirklichkeit des einzelnen Unternehmens einzusetzen sind. Als Unterlage für ein Berechnungsbeispiel mag uns die unter 1a mitgeteilte Jahresabrechnung eines Unternehmens dienen. Hier wären unter die allgemeinen Geschäftskosten für die Warenpreisberechnung einzusetzen:

an Abnützung an den Anlagen:			
Gebäude:	60 000 ℳ		
	45 000 „		
Maschinen:	750 000 „		
	100 000 „		
	75 000 „		
	1 400 000 „		
	300 000 „		
			2 730 000 ℳ
an Verzinsung der fremden Gelder:			
Schuldverschreibungen (zu 5%)	500 000 ℳ		
Buchschulden (zu 6%)	316 560 „		
		816 560 ℳ	
ab:			
Pfandbriefe (zu 4%)	6000 ℳ		
Bankguthaben (zu 4%)	8000 „		
		14 000 ℳ	
			802 560 ℳ
			3 532 560 ℳ
an Unternehmerlohn:			
Aktienkapital, ordentliche Rücklagen, Sonderrücklage, zusammen 24 750 000 ℳ (zu 6%)			1 185 000 ℳ
			5 017 560 ℳ

(dazu alles übrige, wie insbesondere Löhne, Gehälter, Steuern).

Da sich die hier angesetzten Beträge aus jener Jahresabrechnung ergeben, wird zur Erläuterung kaum mehr beizufügen sein als daß als Unternehmerlohn eine angemessene Verzinsung des gesamten im Unternehmen arbeitenden (eigenen) Kapitals der Aktionäre anzusetzen ist, und zwar zur Deckung der Gefahr von Verlusten und Ausfällen in Fehljahren mit einem höheren Zinssatze als dem üblichen. Die Wahl eines Satzes von 6% kann deshalb leicht etwas zu niedrig sein.

V. Schlußbemerkungen.

1. Die vielen Unebenheiten und Widersprüche des Wirtschaftslebens haben eine einheitliche Hauptwurzel in dem Zwiespalte der Wahnvorstellung von einer Wertbeständigkeit des Geldes und dem tatsächlichen Zustande eines immer mehr gesunkenen Geldwerts. Verzettelt auf einzelne Rechts- oder Wirtschaftsgebiete oder gar auf Einzelfälle — wie sich eben einem jeden der Übelstand besonders lästig bemerkbar macht — werden die Mißstände getadelt, ihre Bekämpfung versucht. So im Steuerwesen, in der Preisbemessung, im Abschlußwesen. Auch die vielumstrittene Entscheidung des RG., 3. Ziv.-Sen., vom 21. Sept. 1920 schafft nur Hilfe für Sonderfälle, für Einzeläußerungen des Mißstandes und wirkt darum unbefriedigend. Ein Vermieter hatte auf Grund eines langfristigen Vertrags seinem Mieter Wasserdampf zu liefern. Die Herstellung des Dampfes war immer teurer geworden, der Mietzins gleichgeblieben. Der Vermieter verlangte einen hohen Betrag als Nachzahlung wegen der erhöhten Herstellungskosten, und das RG. sprach sie ihm zu, mit Hilfe der allzeit bereiten §§ 157, 242 BGB. Kammergerichtsrat K a i s e r weist (in der DJZ. 1921 S. 129) darauf hin, daß die Ursache des wirtschaftlichen Streites, der hier zum Austrag kam, einfach in der gesetzlichen Vorschrift liegt, daß Mark gleich Mark sei, und er zieht treffend das Beispiel der zwei Brüder zum Vergleiche, die im Jahre 1912 das väterliche Gut im Werte von 100000 ℳ erbten und derart teilten, daß A das Gut bekam und B 50000 ℳ als Hypothek auf dem Gute. Wenn A heute die 50000 ℳ in schlechtem Papiergeld heimzahlt, hat er ein schuldenfreies Anwesen und B 50 geringwertige Lappen.

Ich begrüße an jener Entscheidung, daß damit einem Übelstand zuleibe gegangen wird. Aber die Heilweise ist nicht richtig. Wir sehen bei der Vergleichung des Falls der beiden Brüder und jenes Mietvertrags die ganze Schroffheit der Gegensätze. Dort soll B schwere Einbuße erleiden für immer, jener Vermieter aber Ersatz bekommen für seine Erzeugungskosten in voller Höhe? Dieser Zwiespalt des Alles oder Nichts zieht sich durch alle Erörterung, durch alles Denken über unsern Frageninbegriff. Die einen streben nach voller Erhaltung dessen, was ihnen die Entwicklung des Geldwesens unverdient in den Schoß geworfen. Die Kaufleute wollen volle Anpassung ihrer Verkaufspreise an die starke Erhöhung der Durchschnittspreise. Das Preistreibereistrafrecht, das Steuerrecht, das Kreditrecht aber, sie halten alle starr fest an jener eingebildeten Wertbeständigkeit des Geldbetrages. Das eine ist falsch wie das andere. Das Richtige liegt zwischen ihnen.

Nur das kann richtig sein: Anpassung des Anspruchs in seiner Zahlenhöhe an die Wohlstandszahl. Dann hätte B jetzt von seinem Bruder 200000 oder 250000 ℳ in Papier zu fordern und A hätte sich nicht darüber zu beklagen. In jenem Mietverhältnis aber würde der jährliche Mietzins jener Wohlstandsentwicklung angepaßt und der Vermieter hätte, was ihm gebührte. Er bekäme nicht (was das Reichsgericht ihm zugesprochen) die volle Deckung seiner gestiegenen Erzeugungskosten. Was er verlangen konnte, war nur die wertgleich bleibende Zahlung des vereinbarten Entgelts; die Preissteigerung dagegen, die die Erzeugung des Wasserdampfes über dieses Maß hinaus erfahren hatte, ging regelrecht auf seine Gefahr, der den langfristigen Vertrag geschlossen.

Bei einer Lösung der Frage, wie sie in unserm Vorschlage liegt, werden gewagte Gesetzesauslegungen und gekünstelte Rechtsgebilde entbehrlich, zu denen man da und dort greift, um zu helfen, wo die Mißstände und Unbilligkeiten gar zu unerträglich scheinen. Wir haben es hier insoweit als bloß der Einfluß der Geldentwertung auf den wirtschaftlichen Inhalt von Daueransprüchen in Frage ist, auch nicht mit einem Falle der clausula rebus sic stantibus zu tun. Denn wenn der Geldwert — nach Durchführung unseres Vorschlages — bleibt, **das Geld wirklich währt**, dann stabunt res, und es könnte nur allenfalls eine Vertragsauflösung aus einem andern Gesichtspunkte, wegen einer Änderung der Verhältnisse nach anderer Richtung, in Frage kommen.

2. Der Vorschlag, der im Vorstehenden vertreten ist, würde tief eingreifen in unserm Wirtschaftsleben. Künstliche Eingriffe solcher Art dürfen mißtrauischer Aufnahme sicher sein, zumal in einer Zeit, die soviel über Zwangswirtschaft zu klagen weiß, undankbar vergessend, daß eben dadurch doch viel Schlimmes verhütet wurde. So mag man, jener Abneigung gegen künstliche Eingriffe nachgebend, sich vorstellen, man sollte sich am besten darauf beschränken, allmählich möglichst viel Papiergeld aus dem Verkehr zu ziehen, unter möglichster Schonung der Kreise, die bis jetzt die Folgen der immer auf sie abgewälzten Geldentwertung getragen haben, und still ergeben sich damit abfinden, daß diesen Leidtragenden auch durch eine wie immer geartete Umwertung doch nicht mehr zu ihrem früheren Vermögensstande verholfen werden könne. Nur ja jetzt keine Experimente, sondern die Wirtschaft laufen lassen, wohin es eben geht, nur ja nichts schaffen, was nach neuer „Zwangswirtschaft" aussieht! Man nennt das

„organische Weiterentwicklung" und verschließt die Augen vor dem, was die organische Entwicklung uns bisher beschert hat!

Aber dürfen wir so handeln? Dürfen wir die bitter ungerechte Vernichtung vieler Wirtschaften als unabänderliche Tatsache weiterbestehen lassen aus Scheu vor Schwierigkeiten der Abhilfe? Dürfen wir es, mit der Sicherheit vor Augen, daß der Fortbestand der geltenden Ordnung neue Vermögensverschiebungen von ungeheurem Umfange bringen würde? Dürfen wir es angesichts der zwingenden Notwendigkeit, der öffentlichen Geldwirtschaft einen sicheren Weg zur Wiederaufrichtung zu öffnen? Und warum soll es nicht möglich sein, den durch die bestehende Ordnung so schwer geschädigten Wirtschaften nach bitterer Zeit der Not wenigstens für die Zukunft eine Wiedereinsetzung in den vorigen Stand zu schaffen, bis so weit eben wie dies der Rückgang unseres Wirtschaftslebens nach seinem Durchschnittsstande gestattet?

Unsere Maßnahme steht durchaus selbständig neben allen andern in Betracht kommenden Heilmitteln für unsere kranke Wirtschaft. Auch wenn uns eine kräftige Besserung fürs erste noch versagt sein, ja wenn es zunächst noch abwärts gehen sollte, so wäre darum unsere Maßnahme nicht undurchführbar und müßte schon für sich eine gute Wirkung äußern. Daß sie aber allem, was uns wirtschaftliche Gesundung bringen kann: starker Besteuerung und Einstellung des Notendrucks, Vermeidung unwirtschaftlichen Verbrauches, Mehrung und Verbesserung unserer Arbeit, eine wertvolle Förderung bieten würde, das scheint mir außer Zweifel.

Man mag ferner stutzen vor der mächtigen Weite des Gebietes, auf das sich die Geltung der geplanten Maßnahme erstrecken müßte. Ich sehe aber gerade hierin einen besonderen Vorzug. Ich meine es gibt nur zwei Möglichkeiten. Entweder man setzt Mark gleich Mark und hält daran zäh fest bis in alle vernichtenden Folgerungen, oder man erkennt die Wertwandelbarkeit der Größe, die man eine Mark nennt, mutig und überall folgerecht an. Die Tatsache der Geldentwertung hier anerkennen und dort an dem alten Wahngedanken einer Beständigkeit unseres Wertmaßes Geld festhalten, kann nur immer mehr Verwirrung stiften. Welche Ungerechtigkeit in solchen Sonderreglungen und willkürlichen Zugeständnissen auf einzelnen Gebieten liegt, zeigten beispielsweise die Vorschriften über die schweizerischen Goldhypotheken. Was dem einen recht ist, müßte dem andern billig sein, Ausländern oder Deutschen.

3. Die Geldwertbemessung, wie sie unsere Untersuchung ergeben hat, wäre als die gesetzliche Regel aufzustellen. Wo unter den Beteiligten nichts anderes vereinbart ist, würde sie gelten. Aber natürlich würde nichts im Wege stehen, die Geltung der Regel vertragsmäßig auszuschließen und etwa ausdrücklich den Nennwert des

Geldanspruchs als für dessen ganze Dauer maßgeblich zu bestimmen. Aber eine solche andere Reglung müßte in ausdrücklicher und zweifelsfreier Weise getroffen werden.

4. Unsere Frage ist von so großer Wichtigkeit, daß sie einer gründlichen Erörterung bedarf. Sie ist nicht der Art, daß ihre Beantwortung und daß die Durchführung der Maßnahme sofort geschehen müßte, und daß die Weiterentwickelung unserer Wirtschaft, mag sie nach oben gehen oder nach unten, dahin führen könnte, die Verwirklichung des Planes unmöglich zu machen. Und wenn schließlich die Prüfung der Frage für den Augenblick zu dem Ergebnisse führen sollte, daß man glaubte die Verwirklichung des Gedankens nicht wagen zu dürfen, so würde er doch dann wieder aufs Neue ernstlich zu prüfen sein, wenn etwa durch die Weiterentwicklung der Dinge die Frage einer Devalvierung dringend wird. Dann würde es sich darum handeln, ob nicht diesem rohen Eingriff eine abstufende Wertung vorzuziehen wäre und durch sie die schweren Schäden und Ungerechtigkeiten vermieden würden, die durch jene drohen.

Anhang.

I. Rechtsprechung des Reichsfinanzhofes,[1])

zur Frage der Werkerhaltungskonten.

I. Das Urteil I. A. 173, (wie das Urteil II vom 11. Januar 1921) betraf eine die Herstellung von Mineralölen betreibende Gesellschaft mbH. In diesem führt der höchste Steuergerichtshof folgendes aus:

Die Rechtsbeschwerde ist begründet.

Streitig ist lediglich die Frage, ob ein in der Bilanz des Geschäftsjahrs 1915 auf der Passivseite zum Baukonto für einen Ersatz eines im Kriege gekaperten Tankdampfers eingestellter Betrag von 1 200 000 Mk. einen Teil des steuerpflichtigen Geschäftsgewinns bildet oder nicht. Bei der Veranlagung wurde diese Frage bejaht, während in der Berufung geltend gemacht war, der Betrag stelle eine steuerfreie Rücklage für die Überleitung der Kriegs- in die Friedenswirtschaft dar. Die Notwendigkeit für diese Rücklage wird in der Beschwerde damit begründet, daß der Tankdampfer, der im August 1914 von den Franzosen gekapert und von ihnen als gute Beute erklärt wurde, die Fabrik der Steuerpflichtigen durch seine regelmäßigen Fahrten zwischen dem Schwarzen Meer und dem Sitze der Fabrik in H. mit dem nötigen Rohmaterial versorgte. Ohne einen solchen Dampfer seien ihre Anlagen nicht lebensfähig und sie sei daher zur rentablen Aufrechterhaltung ihres Betriebes gezwungen, mit tunlichster Beschleunigung einen Ersatzdampfer zu kaufen oder bauen zu lassen, um nach dem Kriege die Friedenswirtschaft überhaupt wieder aufnehmen zu können. Es könne keinem Zweifel unterliegen, daß die Steuerpflicht des gebildeten Baukontos in Höhe von 1 200 000 Mk. einzig und allein von der Beantwortung der Frage abhänge, ob dieser Betrag einen Bewertungsposten darstelle oder eine Reserve bilde. Eine Reserve würde nur dann vorliegen, wenn es sich um zukünftige, noch nicht feststehende Ausgaben handle. Ein Bewertungsposten würde der Betrag sein, wenn es sich um einen bilanzmäßig zum Ausgleich gebrachten Gegenausgleichsposten für b e r e i t s e i n g e t r e t e n e V e r l u s t e handle, die während des Krieges nicht ausgeglichen werden können. Letzteres treffe für den vorliegenden Fall zu. Der Dampfer sei unzweifelhaft durch ein Kriegsereignis verloren gegangen, und es sei weiter unzweifelhaft, daß die Gesellschaft zur Aufrechterhaltung ihres Betriebs gezwungen sei, einen Ersatzdampfer zu beschaffen. Sie sei zwar der Ansicht, daß der letztere Punkt für die Beurteilung der Frage keine Rolle spiele, sondern es komme lediglich darauf an, einen Vergleich zu ziehen zwischen ihrer früheren Friedenswirtschaft und der jetzigen Kriegswirtschaft. Da sie bei Beginn des Krieges einen Dampfer zur Versorgung ihrer Fabrik hatte, so sei sie berechtigt und verpflichtet, einen genügend hohen Posten für die Beschaffung eines Ersatzdampfers als Ausgleichsposten in die Bilanz einzusetzen. Es sei ferner zweifellos und könne eventuell durch Sachverständigengutachten bewiesen werden, daß der Amortisationsbetrag von rund 600 000 Mk., welcher ihr zur Ersatzbeschaffung zur Verfügung steht, nicht ausreiche, um einen Dampfer gleicher

[1]) Entnommen den „Zeitgemäßen Steuerfragen" (Verlag Vahlen, Berlin) 2. Jg., 3. Monatsheft, S. 53 ff.

Größe, gleicher Beschaffenheit und gleicher Leistungsfähigkeit als Ersatz zu erhalten. Sie müßte daher außer diesem Betrage noch die Summe einsetzen, die infolge der durch den Krieg und seine wirtschaftlichen Folgen geschaffenen Verhältnisse erforderlich sei, um die Ersatzbeschaffung durchzuführen. Sie würde den Dampfer heute schon gekauft haben, wenn ihr die Möglichkeit gegeben wäre. Es sei also bilanztechnisch gar nicht anders möglich, als auf der Passivseite ihrer Bilanz einen Gegenposten für den materiellen Wert des gleichen Dampfers einzusetzen, und zwar dies so lange, bis an Stelle des Gegenpostens auf der Aktivseite der Dampfer wieder erscheint. Nur soweit der Gegenposten den Wert des zu beschaffenden Dampfers übersteigt, würde eine steuerliche Unzulässigkeit und auf die Zukunft berechnete Kapitalansammlung vorhanden sein. Daß dies der Fall ist, sei seitens der Steuerbehörde nicht nachgewiesen, und sie sei bereit, ihrerseits erforderlichenfalls durch sachverständiges Gutachten den Nachweis zu erbringen, daß zur Beschaffung eines Dampfers, ähnlich wie der gekaperte, der Betrag von 600 000 Mk. + 1 200 000 Mk. mindestens erforderlich sein werde.

Die Berufungsinstanz erkannte dahin, daß das Baukonto für den Ersatzdampfer als echte Reserve zum Bilanzgewinne gehöre, ohne hierfür irgendwelche Begründung zu geben.

In der Rechtsbeschwerde wurde der Antrag auf Abzug der 1 200 000 Mk. vom Geschäftsgewinne des Jahres 1915 wiederholt und Herabsetzung der Kriegssteuer um 648 000 Mk. beantragt. Zur Begründung nahm die Steuerpflichtige auf ihre Berufung Bezug und führte weiter folgendes aus: Die Abschreibung für die Anschaffung eines Ersatzdampfers wäre eine unbedingte Notwendigkeit, um den Betrieb des Geschäfts nach Wiederherstellung des Friedens aufrecht erhalten zu können, da der gekaperte Dampfer die regelmäßige Zufuhr des Rohmaterials für die Fabrikanlage besorgte. Die Geschäftsführer der Klägerin dürften als ordentliche Geschäftsleute sicher den außergewöhnlichen Kriegsgewinn des Jahres 1915 nicht dazu benutzen, ihn unter die Gesellschafter in voller Höhe zu verteilen, denn sie hätten dadurch das Geschäft in die Unmöglichkeit versetzt, einen Ersatz für den durch Kaperung des Dampfers entstandenen Verlust zu schaffen, und es in die Lage gebracht, nach dem Kriege den Betrieb aus Mangel an den für die Anschaffung des Ersatzdampfers nötigen Mitteln einstellen zu müssen. Der Dampfer wäre gegen Kriegsgefahr nicht versichert gewesen, da beim Ausgehen des Schiffes aus dem letzten Hafen noch niemand an den baldigen Ausbruch des Krieges dachte, und es wäre durch ordnungsgemäße, jährliche Abschreibungen für den Dampfer ein Amortisationsfonds von 600 000 Mk. gebildet worden, der im Geschäft auch vorhanden sei. Diese 600 000 Mk. reichten aber unter den durch den Krieg gänzlich veränderten wirtschaftlichen Verhältnissen nicht annähernd dazu aus, einen Ersatzdampfer von der Größe des verlorenen wieder anzuschaffen. Die Baukosten für einen solchen Ersatzdampfer betrügen heute über drei Millionen Mk. Der Betrag von 1 200 000 Mk. für Ergänzung des Amortisationsfonds zur Neuanschaffung des Ersatzdampfers wäre also durchaus der Lage entsprechend, und es müsse bestritten werden, daß diese 1 200 000 Mk. eine Vermögensvermehrung der Klägerin darstellten. Wenn der Krieg nicht die sofortige Erbauung des Ersatzdampfers unmöglich gemacht hätte, wäre diese Summe bereits zur Anschaffung des Ersatzdampfers ausgegeben und als Unkosten verbucht worden und hätte also nie zur Vermehrung des Reingewinns dienen können. Daher erscheine zunächst der Abzug eines Betrags von 1 200 000 Mk. bei Berechnung der Kriegssteuer gerechtfertigt.

Es sei nach § 16 Abs. 1 des KrStG. und § 22 der hierzu erlassenen Ausführungsbestimmungen vollkommen zulässig, daß beim Geschäftsgewinne solche Abschreibungen berücksichtigt werden, die einen angemessenen Ausgleich der Wertminderung der Aktiven darstellen, ganz gleich, zu welchem Werte diese Aktiven in den Büchern stehen. Wenn einem Kaufmann durch kriegerische Ereignisse ein Fabrikgebäude nebst Einrichtung zerstört werde, so erleide er unstreitig einen Verlust, der dem Tageswerte des zerstörten Gebäudes entspreche, ganz gleich zu welchem Werte das Gebäude mit Einrichtungen in seinen Büchern gestanden habe, und er werde genötigt sein, das Gebäude wieder herstellen zu lassen, um seinen Betrieb fortsetzen zu können. Wenn das Amortisationskapital, das er von früheren Abschreibungen des Gebäudes zur Verfügung hat, nicht zureicht, um die durch die Kriegsverhältnisse wesentlich erhöhten Herstellungskosten des Gebäudes zu bestreiten, so stelle die an den Herstellungskosten fehlende Summe den durch die Kriegsverhältnisse erlittenen Verlust dar, den er von seinem Kriegsgewinn abschreiben müsse, um in die Lage zu kommen, seine früheren Betriebsmittel wieder herstellen zu können. Er werde also den an den Herstellungskosten des zerstörten Gebäudes fehlenden Betrag von seinem Geschäftsgewinn abschreiben müssen, um in die Lage zu kommen, den erlittenen Verlust ersetzen zu können. In dieselbe Lage sei die Gesellschaft durch die Wegnahme des Dampfers geraten. Obgleich dieser Dampfer als Aktivum nicht mehr in ihren Büchern stände, genügte das für ihn reservierte Amortisationskapital nicht annähernd, um einen Ersatzdampfer bestellen zu können, und es könne nicht bestritten werden, daß die Steuerpflichtige durch die Wegnahme des Dampfers um ein unentbehrliches Betriebsmittel gekommen sei, dessen Wiederanschaffung eine unabweisliche Notwendigkeit sei. Die Differenz zwischen den Anschaffungskosten eines neuen Dampfers und dem vorhandenen Amortisationskapital für den alten Dampfer stelle den Verlust dar, den Steuerpflichtige durch die Wegnahme des Schiffes erlitten habe, und den sie als ordentliche Geschäftsleute aus dem Geschäftsgewinne decken müßte, ehe sie an die Verteilung dieses Gewinns unter ihre Gesellschafter denken könnte. Wenn es möglich gewesen wäre, den Ersatzdampfer in demselben Geschäftsjahr anzuschaffen, so wäre sie doch voll berechtigt gewesen, die Mehrkosten, die die Neuanschaffung erfordert hätte, auf Betriebskosten zu verbuchen. Da es unmöglich war, während des Krieges einen neuen Dampfer zu kaufen, müßte sie die dafür erforderliche Summe von dem Geschäftsgewinn abschreiben und auf ein die Wertverminderung ihrer Betriebsmittel darstellendes Erneuerungskonto zurückstellen.

In einem späteren Schriftsatze wiederholte die Steuerpflichtige, sie habe durch die Wegnahme des Schiffes den materiellen Verlust eines für sie ganz unentbehrlichen Betriebsmittels erlitten, zu dessen Deckung die streitige Abschreibung von 1 200 000 Mk. angemessen erscheine. Sie stütze ihren Anspruch auf § 16 Abs. 1 Satz 2 KrStG., wonach Abschreibungen insoweit zu berücksichtigen seien, als sie einen angemessenen Ausgleich der Wertverminderung darstellen. Hier sei nicht von der Wertminderung des einzelnen Kontos die Rede, sondern darunter müsse eine solche des ganzen Unternehmens verstanden werden. Es handle sich beim Kriegssteuergesetze nicht um eine alljährlich wiederkehrende, vom regelmäßigen Geschäftsgewinne zu erhebende Steuer, sondern um eine vom Mehrgewinne der Kriegszeit zu erhebende außerordentliche Kriegsabgabe (§ 13 KrStG.). Deshalb müsse es zulässig sein, vom Kriegsgewinn erst die durch die kriegerischen Ereignisse entstandenen Verluste zu decken, im vorliegenden Falle also für ein vom Feinde weggenommenes Schiff erst einen Erneuerungsfond zu dotieren, ehe die Kriegsabgabe vom Gewinn erhoben wird. Würde anders verfahren, so würde der Ersatz des Verlustes nicht ausführbar sein, weil die Mittel dazu zum größten Teil zur Kriegsabgabe verwendet werden müßten.

Schließlich hat die Steuerpflichtige noch ausgeführt, der Dampfer sei im Jahre 1914 zwar von den Franzosen aufgebracht und durch Urteil des Prisengerichts in Paris vom 29. Dezember 1914 für gute Prise erklärt worden, wäre aber erst im Jahre 1915 endgültig für sie verloren gewesen, weil sie gegen jenes Urteil noch binnen zwei Monaten die von ihr allerdings nicht erhobene Beschwerde an den Conseil d'Etat hätte einlegen können und diese Frist erst am 28. Februar 1915 ablief. Deshalb sei die Abschreibung des Dampfers in der Bilanz des Jahres 1915 durchaus gerechtfertigt gewesen. Das für ihn in früheren Jahren angesammelte Amortisationskapital von 600 000 Mk. sei zur Schaffung eines neuen Schiffes unzureichend, weil ein solches Schiff heute das 30fache des Vorkriegspreises, nämlich 18 Millionen, koste. Da das Schiff ein unentbehrliches Betriebsmittel für die Firma bilde, so sei es notwendig, einen Erneuerungsfond für die Wiederanschaffung zu bilden. Wenn man sich an den Namen des Fonds stoße, so könne doch nicht geleugnet werden, daß das ganze Unternehmen durch den Schiffsverlust eine Wertminderung erlitten habe, deren Bezifferung mit 1 200 000 Mk. noch viel zu niedrig angesetzt sei. Schließlich verweist die Steuerpflichtige noch auf zwei Urteile des Reichsfinanzhofs vom 16. April und 13. Januar 1920, wonach es dem Kaufmann nicht verwehrt sei, die in einem Jahre eingetretene Entwertung seines Vermögens in der Bilanz in einem Posten unter den Passiven zum Ausdruck zu bringen und eine Abschreibung auf das Gesamtunternehmen im Sinne einer Gesamtabschreibung ohne Ausscheidung für die einzelnen Aktivwerte vorzunehmen.

Die Rechtsbeschwerde ist begründet.

Diese Vorentscheidung enthält lediglich die Feststellung, daß der streitige Passivposten einen echten Reservefonds bilde und daher zum steuerpflichtigen Geschäftsgewinne des Jahres 1915 gehöre, ohne eine Begründung hierfür zu geben. Sie läßt also nicht erkennen, ob sie auf tatsächlichen oder rechtlichen Erwägungen beruht, und kann nicht daraufhin nachgeprüft werden, ob ihre Feststellung auf die unrichtige Anwendung oder auf die Nichtanwendung des bestehenden Rechtes sich stützt. Dieser Mangel ist nun zwar von der Steuerpflichtigen nicht gerügt, jedoch auch die nur auf einen Rechtsverstoß gestützte Rechtsbeschwerde muß zur Aufhebung einer der ausreichenden Begründung entbehrenden Vorentscheidung führen. Denn damit Recht angewendet werden kann, muß der Tatbestand feststehen, auf den es angewendet werden soll (Entscheidungen und Gutachten des RFH. Bd. 1 S. 204, Bd. 2 S. 203). Hieraus ergibt sich die Aufhebung der Vorentscheidung auf Grund von § 10 Nr. 1 des RFHG. und § 19 Abs. 3 der RFHO.

Bei freier Beurteilung ist die Sache nicht spruchreif, sondern zur anderweiten Entscheidung an das Landesfinanzamt, welches an die Stelle der bisherigen Vorinstanz getreten ist, zurückzuverweisen (§ 19 Abs. 4 der Einführungsverordnung zur Reichsabgabenordnung und Bekanntmachung des Reichsministers der Finanzen vom 1. März 1920 — Amtsblatt der Reichsfinanzverwaltung 1920 S. 98 —).

Die streitige Zuweisung von 1 200 000 Mk. soll im Jahre 1915 zum „Baukonto für einen Ersatz des während des Krieges gekaperten Dampfers" erfolgt sein. Trifft dies zu, so würde die Benennung des Passivpostens dafür sprechen, daß es sich um eine echte Reservestellung handelt, weil die ihm zugeführten Beträge zum späteren, im Jahre 1915 noch nicht begonnenen und auch noch nicht in Auftrag gegebenen Neubau eines Ersatzdampfers bestimmt sind (Simon, Die Bilanzen der Aktiengesellschaften, 3. Aufl. S. 267). Trotzdem könnte aber diesem Posten in Wahrheit die Rechtsnatur des behaupteten Bewertungskontos innewohnen, weil hierfür nicht seine Bezeichnung, sondern seine tatsächliche Bedeutung entscheidet (Entscheidungen und Gutachten des RFH. Bd. 1 S. 183). Es liegt daher der Steuerpflichtigen der Beweis dafür ob, daß der Passivposten entgegen seiner Benennung keine dem Geschäftsgewinn entnommene Reservestellung bildet, sondern nur eine im Jahre 1915 eingetretene Wertminderung zum Ausdruck bringt (Entscheidungen und Gutachten des RFH. Bd. 1 S. 274 ff.).

Wenn nun zunächst das Recht beansprucht wird, einen genügend hohen Posten für die Beschaffung eines Ersatzdampfers als Ausgleichsposten in die Bilanz einzustellen, weil der hierfür zur Verfügung stehende Amortisationsbetrag von rund 600 000 Mk. für diesen Zweck nicht ausreiche und entsprechend ergänzt werden müsse, und wenn die Steuerpflichtige es daher als eine unabweisbare Notwendigkeit bezeichnet, einen Erneuerungsfonds für die Wiederanschaffung eines Dampfers anzulegen, so mag dies kaufmännisch durchaus richtig sein, beweist aber noch nicht, daß ein solcher Erneuerungsfond ein steuerfreies Wertberichtigungskonto darstellen würde. Denn ein Erneuerungsfonds, welchem letztere Eigenschaft in Wahrheit innewohnt, dient nicht der Aufsparung eines Teiles des geschäftlichen Reingewinns, sondern nur der Ermittlung der wirklichen Höhe desselben (so auch PrOVG. in Staatssteuersachen Bd. 5 S. 43). Er tritt als Passivposten an die Stelle einer Abschreibung auf der Aktivseite und verfolgt daher lediglich den Zweck, den nach den gesetzlichen Vorschriften in die Bilanz einzustellenden Wert der Aktiva gegenüber einer früheren Höherbewertung durch Absetzung des Differenzbetrags vom höheren Werte zum Ausdruck zu bringen (so auch PrOVG. in Staatssteuersachen Bd. 10 S. 304, Bd. 11 S. 272 am Ende). Auch Simon (a. a. O. S. 130, 136) nennt ihn einen Passivposten, der „lediglich ein der Bewertung dienender, den auf der Aktivseite vorgenommenen Wertansatz eines Vermögensgegenstandes beschränkender Posten ist", und weist auf seine begriffliche Unterscheidung von einem Reservefonds besonders scharf hin. Auch Passow (Die Bilanzen der privaten und öffentlichen Unternehmungen, 2. Aufl., Bd. 1 S. 202, 203) betont, es sei völlig verkehrt, das Wesen der Abschreibung mit der Notwendigkeit oder dem Wunsche, Mittel für Ersatzbeschaffungen anzusammeln, erklären zu wollen; er will deshalb auch die Bezeichnung „Erneuerungsfonds" nicht als zutreffend gelten lassen, sondern schlägt vor, dafür die Benennung: „Korrektivposten an Stelle von Abschreibungen" zu wählen, weil es sich nicht um Fonds oder Reserven, sondern um bloße Rechnungsposten handle.

Es leuchtet ohne weiteres ein, daß ein so gearteter Erneuerungsfonds sich nicht nach der Höhe des für eine Ersatzbeschaffung künftig aufzuwendenden Betrags bemißt, sondern der eingetretenen Entwertung der betreffenden Aktiva gleichkommen muß. Es ist auch richtig, daß Abschreibungen oder denselben gleichstehende Wertberichtigungskonten auf der Passivseite nur auf vorhandene Aktiva und nur bis zu dem Betrage, mit dem sie zu Buche stehen, zulässig sind. Denn Bilanzen haben die Vermutung der Richtigkeit für sich, und die Steuerpflichtige muß solche gegen sich gelten lassen, sofern sie nicht den Nachweis ihrer Unrichtigkeit führt. Der verloren gegangene Dampfer kann für die Bilanz der Steuerpflichtigen nur bis auf Null entwertet sein, und es kann daher, insoweit seine Entwertung allein in Frage steht, nur eine Abschreibung von der Höhe zulässig sein, welche seinem richtigen Bilanzwert entspricht. Dies steht auch mit § 16 Abs. 1 Satz 2 KrStG. und § 22 der Ausführungsbestimmungen im vollen Einklang, schließt aber nicht aus, daß durch den Verlust des Dampfers das Gesamtunternehmen der Steuerpflichtigen in höherem Maße entwertet worden ist.

Daß eine solche weitergehende Wertminderung eingetreten sei und durch den streitigen Passivposten ausgeglichen werden soll, hat die Steuerpflichtige behauptet, und der Reichsfinanzhof hat in ständiger Rechtsprechung anerkannt, daß neben den Abschreibungen auf einzelne Aktivposten auch solche Wertberichtigungskonten zulässig sind, welche der Wertminderung des Gesamtunternehmens Rechnung tragen (Entscheidungen und Gutachten des RFH. Bd. 2 S. 135 ff.). Da die Steuerpflichtige angibt, daß der verlorene Dampfer für sie ein ganz unentbehrliches Betriebsmittel gewesen sei, so wird das Landesfinanzamt zu prüfen haben, ob dies zutrifft, und ob daher durch den Verlust des Dampfers das Unternehmen im ganzen im Geschäftsjahr 1915 eine solche Werteinbuße erlitten hat, daß die Bilanzaktiva, abzüglich der auf der Passivseite stehenden Verbindlichkeiten, einen den wirklichen Wert des Unternehmens übersteigenden

Betrag ergeben und daher eine weitere Abschreibung bis auf den wirklichen Wert des Unternehmens im ganzen darstellenden Betrag rechtfertigen (Entscheidungen und Gutachten des RFH. a. a. O. S. 140). Direkte Abschreibungen wie Bewertungskonten dienen — wie gesagt — nur zur Berichtigung der Bilanzaktiva und dürfen sich daher nur auf das in der Bilanz gesetzmäßig ausgewiesene Vermögen beziehen (a. a. O. Bd. 3 S. 170). Das Landesfinanzamt hat daher zu ermitteln, ob dieses Vermögen neben den auf die Einzelwerte vorgenommenen Abschreibungen noch einen Wertverlust erfahren hat, der sich zwar nicht für die einzelnen Aktivposten begründen läßt, aber für das Unternehmen im ganzen augenfällig ist. Als eine solche Werteinbuße kann hier auch der Umstand in Betracht kommen, daß der angeblich für den Betrieb unentbehrliche Dampfer zu einem seinen Anschaffungswert, nach dem nur die erfolgten Abschreibungen bemessen sind, wesentlich übersteigenden Preise wieder neu beschafft werden muß. Denn es wäre möglich, daß die Steuerpflichtige, wie sie in der Beschwerde vom 28. Januar 1918 behauptet hat, „zur rentablen Aufrechterhaltung ihres Betriebs gezwungen ist, mit tunlichster Beschleunigung einen Ersatzdampfer zu bauen, um nach dem Kriege die Friedenswirtschaft überhaupt wieder aufnehmen zu können“ Trifft dies zu, so wäre der Gesamtwert des Geschäfts, wie er sich in der Bilanz darstellt, durch die am Bilanzstichtage — 31. Dezember 1915 — bereits erkennbare Notwendigkeit zur Anschaffung eines viel teueren Ersatzdampfers beeinflußt, und es mußte ein Passivposten zum Ausgleich dieser Wertminderung, falls die Bilanzaktiva sie nicht schon zum Ausdruck bringen, zum Abzug vom Geschäftsgewinne zugelassen werden, insoweit diese Wertminderung, wie behauptet ist, erst im Jahre 1915 erkennbar geworden und somit eingetreten ist. Von diesen Erwägungen aus wird das Landesfinanzamt prüfen müssen, ob der streitige Passivposten ganz oder teilweise eine solche Werteinbuße des Gesamtunternehmens darstellt und daher vom Geschäftsgewinn in Abzug zu bringen ist.

II. Das Urteil I. A. 227. 20 betraf eine in Form einer Kommanditgesellschaft auf Aktien betriebene Reederei.

Diese hatte einen zu ihrem Schiffspark gehörigen Dampfer, den sie vor dem Kriege für etwa 400 000 Mk. erworben hatte, und der Ende 1915 bei ihr mit 380 900 Mk. zu Buche stand, in der Bilanz vom 31. Dezember 1916 durch Absetzung von 378 900 Mk. auf 2000 Mk. abgeschrieben, weil er in Rußland als verloren anzusehen sei. In der das vierte Kriegsgeschäftsjahr der Gesellschaft umfassenden Bilanz zum 31. Dezember 1917, die unter den Aktiven den Buchwert des Dampfers mit 2000 Mk. aufführte, wurde unter den Passiven ein Betrag von 200 000 Mk. unter der Bezeichnung „Ersatzbau-Konto“ für den Dampfer eingestellt, wozu in dem gleichzeitigen Geschäftsberichte bemerkt wurde, diese Rückstellung solle als Grundlage, als erste Rate für den in Auftrag gegebenen, nur zu einem bedeutend höheren Preise zu beschaffenden Ersatzbau für den verlorenen Dampfer gelten, der zwar in Rußland noch existieren solle, aber sicher in trostloser Verfassung. Bei der Veranlagung der Gesellschaft zur Kriegsabgabe 1918 wurden diese 200 000 Mk. in den Geschäftsgewinn des vierten Kriegsgeschäftsjahrs, 1917, mit eingerechnet. Hiergegen — und gegen einen anderen, in der Begründung der Rechtsbeschwerde aber nicht mehr behandelten Posten — wandte sich die Berufung der Gesellschaft vom Juli/August 1919, in der nach Hervorhebung, daß der Dampfer in Petersburg liege und nur noch als Wrack anzusprechen sei, und daß die Kosten eines gleichartigen Ersatzbaues nunmehr auf $2^1/_2$ Millionen Mark zu veranschlagen seien, in näheren Ausführungen die Ausscheidung der 200 000 Mk. aus dem Geschäftsgewinn als berechtigt hingestellt wurde. Sie gipfeln, unter Bezugnahme auch auf das Urteil des Reichsfinanzhofs vom 13. Januar 1920, Entscheidungen und Gutachten des RFH. Bd. 2 S. 135 und auf § 22 Abs. 2 der Ausführungsbestimmungen zum KrStG. — mit dem § 19 Abs. 2 der Ausführungsbestimmungen zu dem hier maßgebenden KrAbgG. 1918 übereinstimmt —

darin, daß der Betrag von 200 000 Mk. zur Wiederherstellung des früheren Zustandes notwendig aufzuwenden sei, die Gesellschaft ihn also als sichere Belastung ihres Vermögens einzustellen gehabt habe und eine Einbeziehung dieses Betrags in ihren Geschäftsgewinn daher unstatthaft sei.

Die Berufungskommission setzte die Kriegsabgabe auf 486 000 Mk. fest. Dem Antrag auf Absetzung der 200 000 Mk. gab sie nicht statt, da in der Rücklage nur eine Kapitalansammlung zum Zwecke der Deckung von künftigen, voraussichtlich eintretenden Ausgaben erblickt werden könne und nicht ein an Stelle der Abschreibung getretener Gegenposten gegen zu hohe Bewertung der Aktiven. Denn an Stelle des gegenwärtigen Wertes des Dampfers sei in der Bilanz kein höherer Wert als Aktivposten eingesetzt. Die Wertminderung des Dampfers sei durch die Abschreibung auf 2000 Mk. vollkommen ausgeglichen. Passivkonten für bevorstehende zukünftige Ausgaben könnten als wirkliche Reservekontenbeträge im Sinne des § 29 KrAbgG. 1918 vom Gewinne nicht in Abzug gebracht werden. Die gegen diese Entscheidung gerichtete Rechtsbeschwerde, die den Standpunkt der Vorinstanz als rechtsirrig bekämpfte, wurde vom RFH. mit folgender Begründung verworfen:

„Rücklagen für erst künftig zu machende Ausgaben, zu deren Leistung eine rechtliche Verpflichtung einem anderen gegenüber am Bilanzstichtage noch nicht bestand, sind grundsätzlich steuerpflichtig (Entscheidungen und Gutachten des RFH. Bd. 2 S. 104, Bd. 3 S. 26). Zu unterscheiden davon sind allerdings — und dem trägt auch § 19 Abs. 2 der Ausführungsbestimmungen zum KrAbgG. 1918 Rechnung — Rücklagen, die der besonderen durch den Krieg herbeigeführten bereits eingetretenen Entwertung des Anlage- und Betriebskapitals gerecht werden sollen und im Wege vorsichtiger Bilanzierung zum Ausdruck gelangen in Gestalt, sei es einer unmittelbaren Abschreibung, die über das gewöhnliche Maß hinausgeht, sei es eines sie ersetzenden, die Wertminderung darstellenden besonderen Kontos (Bewertungs-, Ausgleichs-, Erneuerungskonto u. dgl.). Immer aber muß es sich alsdann um den Ausgleich einer in dem betreffenden Geschäftsjahr eingetretenen Wertminderung handeln; § 24 KrAbgG. 1918 in Verbindung mit § 16 Abs. 1 Satz 1 und 2 KrStG.; § 19 Abs. 1 Ausführungsbestimmungen zum KrAbgG.; §§ 40, 261, 320 Abs. 3 HGB.; Entscheidungen und Gutachten des RFH. Bd. 2 S. 139, Bd. 3 S. 27. Und immer muß alsdann im Sinne dieser Bestimmungen und nach ständiger Rechtsprechung des Gerichtshofs der Ausgleichsbetrag, mag er als unmittelbare Abschreibung oder als Bewertungskonto (Erneuerungskonto) erscheinen, mag es sich um eine Einzelabschreibung oder um eine Gesamtabschreibung handeln, sich auf das in der Bilanz ausgewiesene Vermögen beziehen, d. h. er darf stets nur der Herabsetzung solcher Werte dienen, die in den Aktiven der Bilanz ausgedrückt sind; *auch eine Gesamtabschreibung ist also* — was die Rechtsbeschwerde in anscheinend irriger Auffassung der Entscheidung vom 13. Januar 1920, Entscheidungen und Gutachten des RFH. Bd. 2 S. 135 ff. übersieht — *nur unter der Voraussetzung zulässig, daß die Gesamtheit der in der Bilanz tatsächlich unter den Aktiven aufgeführten* materiellen oder immateriellen Werte zu hoch beziffert ist, so daß sie einer Herabsetzung fähig und bedürftig erscheint (vgl. Urteil vom 13. Januar 1920, Entscheidungen und Gutachten des RFH. Bd. 2 S. 135 ff.; vom 23. April 1920 Bd. 3 S. 4; vom 7. Mai 1920 Bd. 3 S. 27, und insbesondere Urteil vom 6. Juli 1920 Bd. 3 S. 166 ff., namentlich S. 170 ff.; ebenso das zur Veröffentlichung bestimmte Urteil vom 24. September 1920, I. A. 161/20). Abschreibungen bedeuten eben eine Minderung des nach § 24 KrAbgG. in Verbindung mit § 16 KrStG. zugrunde zu legenden ordnungsmäßig berechneten Bilanzgewinns und können daher nicht getrennt von dem Inhalt der Bilanz, von den darin angegebenen Werten, behandelt werden. Wie demgemäß § 16 KrStG. ausdrücklich vorschreibt, sind sie insoweit — also auch nur insoweit — zu berücksichtigen, als sie einen angemessenen Ausgleich der Wertminderung — nämlich der Minderung der Bilanzwerte — darstellen. Daß dies auch von dem sogenannten, schon nach § 261 Ziff. 3 HGB. nur als Ausgleich einer Wertminderung gedachten Erneuerungsfonds gilt, bringt dann auch § 19 Abs. 1 der Ausführungsbestimmungen zum KrAbgG. — ebenso wie § 22 Abs. 1 derjenigen des KrStG. — durch die Bezeichnung des Erneuerungskontos als „eines besonderen die Wertminderung darstellenden Kontos" zum Ausdruck.

Mit diesen maßgebenden Grundsätzen unvereinbar ist der Standpunkt der Gesellschaft, der darauf hinausläuft, daß ganz unabhängig von dem sonstigen Inhalt der Bilanz als abzugsfähig anerkannt werden sollen die danach von einer Gesellschaft angesammelten, mit Rücksicht auf die zwischenzeitliche Geldentwertung besonders hohen Beträge, die dazu dienen sollen, zwecks Aufrechterhaltung eines den früheren Friedensbetrieb gleichartigen Geschäftsbetriebs an Stelle eines infolge der Kriegseinwirkungen mehr oder weniger wertlos gewordenen, dauernd zum Geschäftsbetriebe der Gesellschaft bestimmten Gegenstandes einen neuen Ersatzgegenstand von gleicher Art und Güte zu beschaffen. Da die 200 000 Mk. als Teilpreis für das zu beschaffende Ersatzschiff gedacht und zurückgelegt waren, bedeuteten sie ihrer Zweckbestimmung nach eine Rückstellung für künftige Ausgaben. An der Eigenschaft des Kontos als eines solchen für künftige Ausgaben änderte auch nichts der bloße Umstand, daß es sich im Vergleich zu den früheren wesentlich billigeren Friedenspreisen um eine erhebliche Mehrausgabe handelte, daß ferner der Gesellschaft bei Nichtausbruch des Krieges diese Mehrausgabe voraussichtlich erspart geblieben wäre, und daß sie rein wirtschaftlich bei erstrebter Erhaltung des Betriebs auf gleicher Höhe wie früher zu der Ersatzbeschaffung und daher zu dem Mehraufwande gezwungen ist. Eine bilanzmäßig zu bewertende Verpflichtung zur Zahlung (Anzahlung) der 200 000 Mk. auf den Ersatzdampfer kam an dem hier maßgebenden Bilanzstichtage, 31. Dezember 1917, nicht in Frage. Denn die Lieferung des Ersatzschiffs stand damals noch aus; schwebende Verpflichtungen aber sind bilanzmäßig der Regel nach nicht zu berücksichtigen, vgl. das Urteil vom 7. Mai 1920, Entscheidungen und Gutachten des RFH. Bd. 3 S. 22; die dort für den Fall zugelassene Ausnahme, daß die sich aus dem schwebenden Vertrag ergebende Verpflichtung die entsprechende Forderung an Wert übertrifft, war hier nicht gegeben, da entsprechend der Verteuerung und Geldentwertung anzunehmen war und ist, daß dem für das Ersatzschiff später zu leistenden hohen Preise auch ein gleich hoher Wert des Ersatzschiffs entspricht (vgl. auch das erwähnte Urteil I. A. 161/20 vom 24. September 1920). Die Vermögensminderung aber, die die Gesellschaft dadurch erlitt, daß das Schiff nur noch den Wert eines Wracks behielt, war durch die von der Berufungskommission hervorgehobene Tatsache voll berücksichtigt, daß der Dampfer bis auf den kleinen Betrag von 2000 Mk. bereits in der Bilanz zum 31. Dezember 1916 vollständig abgeschrieben und demgemäß in der hier maßgebenden Bilanz zum 31. Dezember 1917 nur noch mit 2000 Mk. — dem Wrack-Werte — unter den Aktiven aufgeführt war. Höchstens im Umfang dieses Betrags wäre daher für die Geltendmachung einer eben dieses Schiff angehenden Wertminderung überhaupt noch Raum gewesen (vgl. Entscheidungen und Gutachten des RFH. Bd. 3 S. 4). Daß indessen der Wert des Dampfers in dem hier allein maßgebenden Geschäftsjahr 1917 noch unter diesen Betrag von 2000 Mk. gesunken sei, war weder behauptet noch ersichtlich. Ebensowenig erhellte eine gerade in dieses Geschäftsjahr 1917 fallende Wertminderung des Gesamtunternehmens, und jedenfalls war der schon in der Berufung vorgebrachte, von der Berufungskommission keiner selbständigen Erörterung unterzogene Hinweis der Gesellschaft auf den rechtlichen Gesichtspunkt der Wertminderung des Gesamtunternehmens belanglos und unschlüssig. Denn da eine Gesamtabschreibung, wie dargelegt, an die Voraussetzung geknüpft ist, daß die in der Bilanz dargestellten Aktivwerte in ihrer Gesamtbezifferung eine Minderung erfahren haben, also zu hoch angesetzt sind, während Werte, die nicht in der Bilanz dargestellt sind, außer Betracht zu bleiben haben, so hätte eine Gesamtabschreibung nur in Frage kommen können, wenn die Gesellschaft die Behauptung einer Zuhochbewertung der Bilanzaktiven aufgestellt hätte. Dies aber ist niemals geschehen. Mit jener Voraussetzung war hier auch von vornherein nicht zu rechnen. Ein Konto für den inneren Wert des Unternehmens ist nämlich in der Bilanz — die in den Aktiven neben vier unmittelbar Dampfer behandelnden Posten nur noch zwei Posten: „Effekten" und „Debitoren" aufweist — nicht enthalten, und es lag auch kein Anhalt nach der Richtung vor, daß die in der Bilanz tatsächlich aufgeführten Aktiven im Hinblick auf den inneren Wert des Unternehmens dort eine Höherbewertung erfahren hätten, so daß die angebliche Gesamtentwertung einen Anlaß zu einer Gesamtabschreibung hätte abgeben können. Es galt dies insbesondere auch von dem Hauptaktivposten, dem Anschaffungswert der übrigen Dampfer, da ihm unter den Passiven in sehr beträchtlicher Höhe ein Erneuerungsfonds-Konto (§ 261 Ziff. 3, § 320 Abs. 3 HGB. gegenübersteht.

Die Rüge wegen Einrechnung der 200 000 Mk. in den Geschäftsgewinn ist somit nicht begründet."

III. In dem in dem vorstehenden Urteil I. A. 227. 20 erwähnten Urteil I. A. 161. 20 vom 24. September 1920 handelte es sich um folgendes:

Eine Papier- und Zellstoffwerke-Aktiengesellschaft hatte wie im Vorjahr 1916 so auch im Jahre 1917, ihrem vierten Kriegsgeschäftsjahre, von dem ausgewiesenen Reingewinne einen Betrag von 1 000 000 Mk. als „Rücklage für den Übergang zur Friedenswirtschaft" bestimmt. Aus Anlaß ihrer Veranlagung zur Kriegsabgabe 1918, gegen die sie im Februar 1919 Berufung einlegte, wurde die Frage streitig, ob dieser letztere Betrag mit Recht in den Geschäftsgewinn des vierten Kriegsgeschäftsjahrs eingerechnet worden sei. Die Gesellschaft bestritt dies im Berufungsverfahren und leitete die Abzugsfähigkeit aus der zu berücksichtigenden Wertminderung ihres Gesamtunternehmens her. Sie machte in dieser Hinsicht geltend: Ihr eines Werk in O. sei mit Rücksicht auf den Seeverkehr gebaut worden; es hätten Kohlen aus England und billiges Holz aus Rußland herangeschafft werden sollen; diese günstigen Verhältnisse sowie die Ausfuhrbeziehungen mit England seien durch den Krieg hinfällig gemacht worden. Auch bei ihrem zweiten Werke in C. sei die Rohstoffversorgung durch den Krieg verschlechtert worden. Sie habe ihren Betrieb auf Lieferung von Kriegserzeugnissen eingerichtet; die spätere Wiedereinstellung auf Friedenserzeugnisse werde also nach dem Friedensschlusse Kosten, Aufwendungen und Verluste verursachen. Insbesondere aber sei es ihr nicht möglich, die für das erstere Werk vorgesehene dritte Druckpapiermaschine zu den Preisen, die in den schon vor Kriegsausbruch abgeschlossenen Lieferungsverträgen bestimmt gewesen seien, zu erlangen. Zu diesem Punkte erklärte ihr Direktor in einer niederschriftlichen Verhandlung: „Zum Nachweis dafür, daß die streitigen, allerdings aus den Gewinnen aus den Geschäftsjahren 1916 und 1917 entnommenen Rücklagen von je 1 000 000 Mk. für den Übergang zur Friedenswirtschaft bereits durch die Preissteigerung der früher bestellten, noch nicht gelieferten Druckpapiermaschine erforderlich geworden sind, führe ich folgendes an: Im Dezember 1913 wurde die Errichtung der dritten Druckpapiermaschinenanlage beschlossen. Der Voranschlag für die gesamte Anlage betrug $3\frac{1}{2}$ Millionen Mark (3 500 000 Mk.). Auf Grund dieses Beschlusses wurden unter anderen damals bestellt: I. Die eigentliche Papiermaschine mit Schleiferei, Holländeranlage und sonstigem Zubehör. Der damals vereinbarte Lieferungspreis war mit 730 300 Mk. festgelegt. Die Lieferantin bestritt im Laufe des Krieges, daß sie an diesen Lieferungsvertrag noch gebunden sei, da infolge der Einwirkungen des Krieges die Preise für Rohstoffe usw. sich derart geändert hätten, daß ihr die Lieferung nicht mehr zugemutet werden könne. Wir umgekehrt stellten uns auf den Standpunkt, daß die Papiermaschine fest bestellt sei, daß die Gebäude für dieselbe errichtet seien und daß wir daher auf die Lieferung bestehen müßten.

Wir konnten uns jedoch dem nicht verschließen, daß die Rechtslage für uns sehr ungünstig sei, und es blieb uns nichts anderes übrig, als ein Aufgeld von 819 700 Mk. zu bewilligen, damit der Lieferant die Lieferung derselben anerkenne. Die Lieferung der elektrischen Einrichtung war an eine Gesellschaft für 288 824,85 Mk. vergeben. Die Gesellschaft will ebenfalls die Lieferung nicht ausführen, falls ihr nicht der Mehrpreis bewilligt werde. Bei den Verhandlungen hat sie sich schließlich bereit erklärt, die Lieferung für 1 500 000 Mk. auszuführen, hat jedoch hierbei noch verlangt, daß ihr etwaige, weiter eintretende Teuerungszuschläge noch vergütet werden müßten. Bei derselben Gesellschaft war weiterhin ein Turbodynamo für 110 000 Mk. bestellt. Die Gesellschaft bestritt, infolge der Kriegseinwirkungen an diesen Vertrag gebunden zu sein, und wir mußten diese Turbine bei einer anderen Firma bestellen und dafür 578 600 Mk. als Preis zugestehen. Die erforderliche Kesselanlage erfordert mehr Kosten a) bei den Dampfkesseln in Höhe von 515 986,50 Mk., b) bei dem Kesselgebäude in Höhe von 137 608,61 Mk. Die Mehrkosten bezüglich der Gebäulichkeiten, in denen die Maschine selbst aufgestellt wird, sind in den obigen Ziffern nicht enthalten. Wir sind der Auffassung, daß wir rechtliche Ansprüche durch Bestellung erworben haben und daß wir diese durch den Krieg verloren haben und genötigt waren, die Aufpreise zu bewilligen, um die Firmen zur Aufrechterhaltung ihrer Verpflichtungen zu veranlassen."

Die Einkommensteuerberufungskommission wies die Berufung ab, da die Rücklage nicht steuerfrei sei, und begründete dies dahin: „Die Berufungskommission hat angenommen, daß eine Rückstellung für den Übergang zur Friedenswirtschaft überhaupt nicht vorliegt, weil die Gesellschaft keine Kriegsaufträge ausgeführt und ihren Betrieb nicht umgestaltet hat. Die erhöhten Kosten für die Anlage der dritten Druckpapiermaschine sind nach Ansicht der Berufungskommission Anlagekosten, welche jede andere Gesellschaft auch treffen und welche sich durch die große Preissteigerung der Druckpapiere vollständig verzinsen. Diese durch die Preissteigerung hervorgerufene höhere Rentabilität der Anlage ist auch für die Ermittlung ihres gemeinen Wertes maßgebend. Dieser ist bei dem gesteigerten Ertrage ein entsprechend höherer als in Friedenszeiten und kann der damalige Wert nicht zum Vergleiche herangezogen werden. Es liegt daher eine Wertverminderung der dritten Druckpapiermaschinenanlage überhaupt nicht vor, also für das Geschäftsjahr 1917 auch kein Grund für eine Abschreibung in Höhe der streitigen 1 000 000 Mk. Diese stellt vielmehr eine Rückstellung für künftige Ausgaben dar."

Gegen diese Entscheidung legt die Aktiengesellschaft die Rechtsbeschwerde an den Reichsfinanzhof ein, die sie auf Verletzung des § 24 KrAbgG. 1918 in Verbindung mit § 16 KrStG. sowie auf Verstoß gegen klaren Inhalt der Akten und in einem ergänzenden Schriftsatz auf Übergehung des Gesichtspunkts der Wertminderung des Gesamtunternehmens stützte. Sie betont in der Rechtsbeschwerde ihre Befugnis, durch Einstellung eines Ausgleichposten auf der Passivseite der Bilanzen, auch ihr Gesamtunternehmen minderwertiger machenden Schaden und Verlust auszugleichen, den sie in ihren Aktiven dadurch erlitten habe, daß ihre Rechte auf Lieferung der Maschine zu den ursprünglichen Preisen hinfällig geworden seien.

Die Rechtsbeschwerde wurde vom RFH. verworfen.

Der RFH. verneinte das Vorliegen eines Verstoßes gegen den klaren Inhalt der Akten und führte zur Sache aus:

Bei einer als Kaufmann geltenden, zur Buchführung nach handelsgesetzlichen Vorschriften verpflichteten Aktiengesellschaft ist davon auszugehen, daß sie ihren Bilanzgewinn richtig ausgewiesen hat. Eine Rückstellung aus dem ausgewiesenen Reingewinne, wie sie vorliegt, kann daher nur dann als abzugsfähige Ausgabe anerkannt werden, wenn die Steuerpflichtige die Unrichtigkeit der Bilanz nachweist, also klarlegt, daß die Rücklage zur Berichtigung von Aktivwerten der Bilanz notwendig war (vgl. Entscheidungen und Gutachten des RFH. Bd. 2 S. 104). Von einem solchen Nachweis konnte aber nach dem von der Gesellschaft Vorgebrachten hier keine Rede sein. Soweit die Gesellschaft auf künftig notwendig werdende Ausgaben verweist, verkennt sie, daß Rücklagen für künftige Ausgaben grundsätzlich steuerpflichtig sind (vgl. Entscheidungen und Gutachten des RFH. Bd. 2 S. 104, S. 190/191; Bd. 3 S. 26). Die allgemeine Annahme der Berufungskommission aber, daß bei der starken Steigerung der Papierpreise das Unternehmen der Gesellschaft in erhöhtem Maße ertragreich sei, eine Entwertung also nicht in Frage komme, die streitigen 1 000 000 Mk. vielmehr nur eine Rückstellung für künftige Ausgaben darstellten, findet eine erhebliche Stütze in dem eigenen Geschäftsberichte der Gesellschaft für das Jahr 1917, der auf die erhöhten, den Sätzen der Friedensgeschäftsjahre gleichen Gewinnausschüttungen an die Aktionäre verweist und die Zurückstellung des hier fraglichen Betrags nur vorsieht „für etwa in Zukunft bevorstehende schwere Zeiten". —

Nach der Rechtsprechung des Gerichtshofs (Entscheidungen und Gutachten des RFH. Bd. 2 S. 139/140, Bd. 3 S. 27, S. 166ff.) sind allerdings gegebenenfalls auch Entwertungen des Gesamtunternehmens zu berücksichtigen. Dies kann indessen nur insofern geschehen, als der Steuerpflichtige greifbare Unterlagen für eine solche Entwertung, nach Grund und Höhe, beizubringen vermag, während dies hier von seiten der Gesellschaft keineswegs geschehen ist. Ein Ausgleichs-(Wertberichtigungs-)Konto setzt gleich jeder Abschreibung nicht nur einen am Bilanzstichtage vorhandenen Vermögensgegenstand, sondern weiterhin auch voraus, daß er gerade innerhalb des betreffenden Geschäftsjahrs die behauptete Wertminderung erfahren habe (§ 24 KrAbgG. 1918, § 16 KrStG., § 40 in Verbindung mit § 261 HGB.; Entscheidungen und Gutachten des RFH. Bd. 2 S. 139, Bd. 3 S. 27). Sie darf nur der Herabsetzung von Werten, die sich in der Bilanz ausdrücken, dienen, so daß es ausgeschlossen ist, Verluste an überhaupt nicht in der Bilanz als Aktiva berücksichtigten Werten durch Abschreibungen am Gesamtwert des Unternehmens in die Bilanz hereinzubringen (Entscheidungen und Gutachten des RFH. Bd. 3 S. 166ff., insbesondere S. 170). Hier nun ist zunächst überhaupt nicht abzusehen, wie das Gesamtunternehmen der Gesellschaft, die durch die infolge der Kriegsverhältnisse eingetretene Steigerung der Papierpreise ihre Ertragsaussichten und den davon abhängigen Wert ihres Betriebsvermögens nur verbesserte, innerhalb des hier allein bedeutungsvollen vierten Kriegsgeschäftsjahrs, also im Jahre 1917, dadurch eine Benachteiligung, und gar in ziffermäßig darstellbarer Weise, erfahren haben sollte, daß durch den Kriegsausbruch, also durch ein bereits in das Jahr 1914 fallendes Ereignis, ihr angebliches Vorhaben vereitelt wurde, mit dem Ausland in geschäftliche Beziehung zu treten, insbesondere Betriebsmittel wie Holz und Kohle von dort zu beziehen. Es fehlt aber auch im übrigen jeder Anhalt, daß der Gesamtwert des Unternehmens durch irgendwelche Umstände, insbesondere durch die von der Gesellschaft betonte Tatsache, daß die mit billigeren Preisen rechnenden ursprünglichen Lieferungsaufträge über die dritte Druckpapiermaschine hinfällig geworden seien, unter den Gesamtbetrag der in der Bilanz ausgewiesenen Aktiva herabgesunken sei. Was die Lieferungsaufträge betrifft, so waren die ursprünglichen Lieferungsvereinbarungen, ohne daß der Aktiengesellschaft noch ein Erfüllungs- oder Schadensersatzanspruch zugestanden hätte, am Bilanzstichtag, 31. Dezember 1917, rechtlich erledigt: und zwar entweder schon infolge der von der Beschwerdeführerin anscheinend selbst angenommenen Berechtigung des anderen Vertragsteils zur Lieferungsverweigerung (vgl. §§ 275, 323 Abs. 1 BGB.) oder aber, und namentlich, falls diese unberechtigt gewesen sein sollte, was aber die Beschwerdeführerin nicht dargelegt hat, infolge der Tatsache, daß die Beschwerdeführerin, unter freiwilliger Preisgabe ihres etwaigen Rechtes auf Erfüllung zu den alten Bedingungen oder auf Schadensersatz, sich auf die vertragsmäßige Ersetzung der ursprünglichen Vereinbarungen durch andere, die mit höheren Preisen rechneten, eingelassen hat. Die ursprünglichen

Verträge kamen also für die Aktiengesellschaft rechtlich überhaupt nicht mehr in Betracht, so daß sie aus ihrem früheren Bestehen irgendwelche Folgerungen zu ihren Gunsten nicht herleiten konnte. Die Wirksamkeit der Lieferungsabschlüsse erschöpfte sich vielmehr darin, daß die Aktiengesellschaft einen Anspruch auf Lieferung einer wesentlich teuerer und insofern wertvoller gewordenen Maschine gegen Zahlung eines dieser Verteuerung entsprechend hohen Preises hatte. Es handelte sich also um gleichwertige beiderseitige Verpflichtungen aus einem am Bilanzstichtage noch von keinem Teile erfüllten Lieferungsvertrage. Die Rechte aus einem derartigen noch in der Schwebe befindlichen Schuldverhältnis aber können nicht in der Bilanz vorgetragen werden, und es ist dann auch hier weder behauptet noch ersichtlich, daß diese Rechte aus dem Lieferungsvertrag unter den Aktiven der Bilanz eingestellt sind. Sie können daher auch keine Handhabe zur Vornahme einer Abschreibung oder zur Einsetzung eines Wertberichtigungskontos in der Bilanz bieten (vgl. Entscheidungen und Gutachten des RFH. Bd. 3 S. 22—26).

II. Bemerkung von Strutz.

Die beiden Urteile vom 11. Januar 1921 haben dadurch, daß die Presse, ohne sie im Zusammenhange zu kennen, aus ihnen abgeleitete abstrakte Rechtssätze veröffentlichte und erörterte, mehr Aufsehen erregt, als sie verdienen — ein Beleg dafür, wie vorsichtig man darin sein muß, nur nackte Rechtssätze ohne Mitteilung des Tatbestandes und der gesamten Rechtsausführungen eines Urteils der Öffentlichkeit zu übergeben. In der Tat bewegen sich beide Urteile, wie auch dasjenige vom 24. September 1920 in der Richtung der bisherigen Rechtsprechung und halten nur die Schranken ein, die durch die geltende Gesetzgebung gezogen sind, und über die hinauszugehen auch den höchsten Steuergerichtshof auch § 4 AbgO. nicht ermächtigt, wie in dem oben mitgeteilten Urteil II. A. 326. 20 vom 26. November 1920 dargelegt ist. Das KrStG. wie das KrAbgG. 1918 verlangen die Zugrundelegung des Ergebnisses nach den gesetzlichen Vorschriften und den Grundsätzen ordnungsmäßiger kaufmännischer Buchführung festgestellter Bilanzergebnisse. Daß unter den Grundsätzen ordnungsmäßiger kaufmännischer Buchführung nur solche zu verstehen sind, die nicht mit den gesetzlichen Vorschriften in Widerspruch stehen, hat die Rechtsprechung stets angenommen und kann füglich auch nicht bezweifelt werden, § 261 HGB. aber gibt bindende Vorschriften über den Höchstansatz der Vermögensgegenstände in der Bilanz und sieht in Ziff. 3 hinsichtlich der Anlagen und sonstigen zum dauernden Betriebe bestimmten Gegenstände den Abzug eines „der Abnutzung gleichkommenden Betrags" oder den Ansatz eines „ihr entsprechenden Erneuerungsfonds" vor. § 40 a. a. O. aber verlangt die Einstellung sämtlicher Vermögensgegenstände und Schulden in die Bilanz nach dem Werte, der ihnen in dem Zeitpunkte beizulegen ist, für welchen die Aufstellung stattfindet. § 16 Abs. 1 Satz 2 KrStG. endlich betont ausdrücklich, daß Abschreibungen nur insoweit zu berücksichtigen sind, „als sie einen angemessenen Ausgleich der Wertverminderung darstellen". Schon sprachlich setzt eine „Abschreibung" einen Wertbetrag voraus, von dem ein Betrag „ab"geschrieben wird. Und nach § 16 KrStG. sind allein zugelassen Abschreibungen, die „einen angemessenen Ausgleich der Wertverminderung darstellen; eine „Wertverminderung" ist aber nur denkbar, wenn ein „Wert" vorhanden war, der sich vermindert hat. Gegenstände, die schon Null wert waren, hatten keinen „Wert" mehr, der sich noch vermindern konnte; sie waren keine „Vermögensgegenstände" mehr, die in die Bilanz aufgenommen werden konnten. Hatten sie bei Beginn der Bilanzperiode noch einen Wert, so konnte sich dieser nicht weiter als auf Null „vermindern". Welches aber der Wert bei Beginn der Bilanzperiode war, hat die Steuerbehörde nach dem im § 16 KrStG. ausgedrückten Grundsatze zunächst der Bilanz zu entnehmen, solange und soweit die

Gesellschaft nicht die Unrichtigkeit ihrer Bilanz dartut. Sie aber kann wieder ihre Bilanz nur soweit berichtigen, daß diese auch eine „nach den gesetzlichen Vorschriften" aufgestellte bleibt, und das würde die Bilanz nicht mehr sein, wenn die Gegenstände des stehenden (des Anlage- im Gegensatze zum — umlaufenden oder — Betriebskapital im engeren Sinne) Kapitals mit einem höheren Werte als dem Anschaffungs- oder Herstellungspreis eingesetzt würden. Daraus ergibt sich folgerichtig, daß die Steuerbehörde weder Abschreibungen noch diese ersetzende Erneuerungsfonds über den nach den gesetzlichen Vorschriften berechneten Bilanzwert der einzelnen Konten bei Beginn der Bilanzperiode hinaus zulassen kann, und daß auch für die Gesamtabschreibungen der bilanzmäßige Gesamtwert die Höchstgrenze bildet. In der — gegebenenfalls berichtigten — Bilanz nicht enthaltene Werte zu berücksichtigen, verbietet § 40 HGB. Denn eine ordnungsmäßige Bilanz verlangt Einstellung *sämtlicher* Vermögensgegenstände; was aber nicht in eine ordnungsmäßige Bilanz gehört, scheidet nach § 16 KrStG. auch für die Berechnung des Bilanzgewinns im Sinne dieser Bestimmung aus.

Die von der Valutaentwertung ausgehenden Angriffe der Industrie gegen die Rechtsprechung des RFH. richten sich daher an die falsche Adresse, wie so oft der Richter für die Fehler der ihn bindenden Gesetze verantwortlich gemacht wird. Wo in den Gesetzen von „Wert" die Rede ist, ist darunter — sofern nicht etwas anderes gesagt ist — der Geldwert zu verstehen, und dieser Geldwert wird, wenn nicht inzwischen eine gesetzliche Änderung der Währung stattgefunden hat, in dem gesetzlichen Zahlungsmittel ausgedrückt. Sind die Werte in verschiedenen Zeitpunkten miteinander zu vergleichen, und ist der gesetzliche Wertmesser derselbe geblieben, so können nur die in Vielfachem dieses selben Wertmessers ausgedrückten Werte verglichen werden, wenn eben feststeht, daß der Gegenstand zu dem betreffenden Zeitpunkt den Wert einer bestimmten Menge der Münzeinheiten hatte. Daß die Kaufkraft des gesetzlichen Zahlungsmittels in den verschiedenen Zeitpunkten verschieden war, kann nicht berücksichtigt werden, wenn das Gesetz die Einstellung des Geldwerts zu diesen Zeitpunkten, vollends, wenn es, wie § 261 HGB., den in einem bestimmten Zeitpunkt gezahlten Anschaffungs- oder Herstellungs-„preis" vorschreibt. Nicht über den Steuerrichter kann sich daher die Industrie beklagen, sondern über den § 261 HGB., der von der heute nicht mehr zutreffenden Annahme einer zur Zeit der Anschaffung oder Herstellung und zu der der Bilanzaufstellung gleich- und vollwertigen Valuta ausgeht. Unser Währungsgeld ist eben nicht mehr dasselbe, was es vor dem Kriege und in den ersten Kriegsjahren war. Die „Reichsmark" kann nicht mehr gleichmäßig als Maßstab für Vor- und Nachkriegswerte angewendet werden, weil sie nicht mehr dieselbe Größe ist, ebensowenig wie es ein Meterstab wäre, der im Laufe der Zeit eingeschrumpft oder von dem ein Stück abgebrochen wäre; darauf habe ich schon in der Januarnummer 1920 des Steuer-Archivs hingewiesen. Hier also, insbesondere beim HGB. und den einzelnen Steuergesetzen, namentlich denjenigen, die auf einer Vergleichung von Vermögenswerten in weit voneinander liegenden Zeitpunkten beruhen, könnte höchstens der Hebel angesetzt werden, nicht aber gegen die Rechtsprechung Sturm gelaufen werden, auch wenn diese Angriffe noch so sehr in dem Gewande der Unfehlbarkeit vorgetragen werden, durch das allein sie in den Augen des RFH. wirklich nicht an Gewicht gewinnen. Wenn heute Industrie und Handel über steuerliche Benachteiligung infolge der Valutaentwertung klagen, so dürfen sie doch auch nicht vergessen, daß sie auch die Steuern in der entwerteten Valuta zahlen: Wer vor dem Kriege ein Vermögen von 100 000 Goldmark hatte, das heute 1 000 000 Papiermark wert ist, kann doch nicht beanspruchen, daß er eine auf Papiermark zugeschnittene neue Steuer von z. B. 10% in Gestalt von 10 000 statt von 100 000 Papiermark zahlt, weil sein Vermögen früher 100 000 Goldmark wert war. Für eine Schonung gerade des in der Industrie assoziierten Kapitals bin ich schon bei der Kriegssteuer, in einem anfangs 1917 dem Reichsschatzsekretär erstatteten Gutachten gegen eine große einmalige Vermögensabgabe nach dem Kriege und in späteren Veröffentlichungen eingetreten, nicht im Interesse der Aktionäre, sondern in dem des Wiederaufbaues unseres Wirtschaftslebens. Ich kann aber die Großindustrie nicht genug warnen, heute in ihren Forderungen auf Sonderberücksichtigung bei der Besteuerung den Bogen zu überspannen. Sie fordert damit den Vergleich zwischen der Ertrags- und Wertentwicklung ihrer Aktien und derjenigen der vorzugsweise in den Händen der Kleinrentner befindlichen Schuldverschreibungen von Reich, Staat und Gemeinden heraus und lenkt die Aufmerksamkeit auf die Steuerersparungspolitik vieler Gesellschaften.

III. Scheinwerte der deutschen Industrie.[1])

I.

Aus den hohen Dividenden, die von den deutschen Aktiengesellschaften ausgeschüttet werden, schließen zahlreiche Kritiker auf wachsenden Wohlstand und steigende wirtschaftliche Kraft der deutschen Industrie. Im Inland sind die Träger dieser Ansicht politisch linksstehende Kreise, die sie für ihre Sozialisierungspropaganda brauchen. Wenn hier der Zweck leicht zu erkennen ist, so ist es dagegen nicht ganz einfach festzustellen, aus welchen Gründen die alliierten Staaten ihre Presse auf jene tatsächliche Erscheinung im deutschen Wirtschaftsleben immer wieder aufmerksam machen lassen. Zunächst hilft der ständige Hinweis auf die großen Dividendenzahlen die hohen Forderungen in der Reparationsfrage zu rechtfertigen. Tatsächlich haben auch die französische und die sie unterstützende englische Presse in wiederholten Auslassungen mitteilen können, daß die finanziellen Sachverständigen der Reparationskommission eine gute Quelle für Leistungen in den deutschen Aktiengesellschaften sehen. Sie begnügen sich nicht allein mit dem Hinweis auf die sichtbaren hohen Prozentsätze, sondern sie machen auch darauf aufmerksam, daß die überwiegende Anzahl der deutschen Aktiengesellschaften riesige Gewinne nach innen ausschütten, d. h. also, sie zu inneren Abschreibungen und Reservestellungen verwendet. Auch die Tatsache, daß sehr viele deutsche Aktiengesellschaften im letzten Jahr gewaltige Kapitalerhöhungen vorgenommen haben, dient der französisch-englischen Propaganda als Beweismittel für die Verschleierung gewaltiger Gewinne.

Allerdings bemühen sich einige sachliche Auslassungen, insbesondere in der englischen Presse, diesen Erscheinungen gerecht zu werden. Sie verweisen auf die natürliche Ursache jener Kapitalerhöhungen, nämlich auf die Entwertung der Mark. Sie ist es, die dazu zwingt, große neue Kapitalien aufzunehmen. Die Warenpreise sind wegen der Geldentwertung sehr gestiegen und Warenvorräte machen bei vielen Aktiengesellschaften ein Mehrfaches des Aktienkapitals aus. Aber die Ausführungen in der englischen Presse gehen in ihren Schlußfolgerungen nicht so weit, wie es die tatsächliche Lage erfordert. Sie geben zwar die Geldentwertung zu, bemerken jedoch, daß Deutschland in der Hauptsache hinsichtlich seines Rohstoffbedarfs, seiner Arbeitskräfte für die großen Industrien sich selbst genüge und sie in Mark entgelte. Insoweit falle die Entwertung der Mark nicht so sehr ins Gewicht. Daher dürfe aus den hohen Dividenden der Schluß für eine verhältnismäßig große Leistungsfähigkeit der deutschen Industrie gezogen werden.

Der objektive Kritiker weiß, daß die Gewinne, die von den Aktiengesellschaften bilanzmäßig ausgewiesen werden, nicht die wirklichen Gewinne sind. Der Bilanzgewinn von heute ist ein Schein, aber

[1]) Aus der „in Verbindung mit dem Reichsfinanzministerium, dem Reichswirtschaftsmin., dem Ausw. Amt u. anderen Reichsämtern" erscheinenden „Industrie- u. Handelszeitung" 1921 Nr. 91 u. 92.

kein Sein. Denn die Bilanz vergleicht auf der Aktiv- und Passivseite Marktwerte von verschiedener Valuta, von Gold- und Papiervaluta. Das Aktienkapital steht bei allen Aktiengesellschaften, die ihr Kapital nicht erhöht haben, noch mit dem alten Friedenswert zu Buche, also in Goldmark; bei Aktiengesellschaften, die ihr Kapital verdoppelt, oder, was selten vorkam, verdreifacht haben, steht das Aktienkapital immer noch zur Hälfte oder zu einem Drittel auf der Goldmark. Dagegen sind auf der Aktivseite das bare Geld, die Waren, zum Teil die Maschinen, soweit sie neuerlich angeschafft sind, usw. vollkommen in Papiermark ausgedrückt. Aus der kaufmännischen Bilanzaufstellung, die nichts anderes ist, als eine ziffernmäßige Gleichung von Aktiven und Passiven, folgt als Endresultat ein nomineller Gewinn. Diese Dividenden, die also in Papiermark errechnet sind, ergeben im Verhältnis zum Aktienkapital, das auf der vollen bzw. halben Goldmark steht, einen sehr hohen Prozentsatz. Es ist so leicht ersichtlich, wo die Grundursache für die nominell hohen Dividenden, die sogenannten Papierdividenden, liegt: in der gleichmäßigen Behandlung und in der Gegenüberstellung zweier verschiedener Markwerte. Das ist dasselbe, wenn beispielsweise ein Unternehmer die Bilanz so aufstellen wollte, daß er auf der Passivseite das Kapital in Dollar und auf der Aktivseite in französischen Franken oder italienischen Liren ausdrücken würde. Wie wenig haltbar es ist, aus der fehlerhaften Bilanzierung die gekennzeichneten Schlüsse über die Prosperität der deutschen Aktiengesellschaften zu ziehen, dürfte damit genügend erwiesen sein. Würden die Papierdividenden auf ihren Goldwert gestellt, so könnte das wahre Bild gewonnen werden. Es ist jedoch nicht möglich, die Goldbilanz aufzustellen, da in der Praxis die Papiermark das Zahlungsmittel ist. Sollte die wirkliche Rentabilität auf Grund des alten Bilanzverfahrens ermittelt werden, so müßte bilanztechnisch nach Ermittlung des nominellen Gewinns ein besonderes Geldentwertungskonto eingerichtet werden, auf dem die Abschreibungen für die Erneuerungen gemacht werden können. Auch die höchste Instanz im steuerlichen Streitverfahren, der Reichsfinanzhof, hat dies in einer Entscheidung anerkannt. Er läßt einen besonderen Erneuerungsfonds unter den Passiven als Werfberichtigungskonto stehen, und auf ihm können die Abschreibungen der Erneuerungskosten in einer angemessenen Höhe eingestellt werden. Aus ihm sollen die erforderlichen Mittel zur Schaffung des Ersatzes ihre Deckung finden können. Daraus ist ersichtlich, daß die deutsche Gesetzgebung auf die gewaltige Entwertung der Mark Rücksicht nehmen mußte und bilanzmäßig die Papiergewinne steuerfrei absetzen läßt, damit die Neuanschaffungen aus diesem Fonds getragen werden können.

So erklären sich die hohen Dividenden ganz zwanglos aus der Geldentwertung. Noch ein anderes Hilfsmittel ermöglicht es jedem Kritiker, die hohen Dividenden auf ihren realen Wert zurückzuführen: die Dividenden stehen im Vergleich zu den Umsätzen der Unternehmungen in keinem rechten Verhältnis. Wenn nun trotz anhaltender Absatzkrisis und relativ hohen Löhnen die Endgewinne bilanzmäßig dennoch stark angewachsen sind, so liegt das in der angeführten Tatsache begründet, daß Gold- und Papierwerte auf eine Gleichung gebracht sind.

Gewiß besteht der Hinweis auf die Kapitalerhöhungen zu Recht. Diejenigen Aktien, die den Aktionären vielfach zu sehr niedrigem Kurs angeboten, halb und manchmal sogar ganz geschenkt werden, nehmen in der Regel voll an der Dividende teil. Sie bewirkten eine künstliche Ermäßigung der Dividenden, die sonst auf das Stammkapital bezogen noch wesentlich größer gewesen wären. Ebenso zutreffend ist es, daß die Rentabilität der deutschen Aktiengesellschaften nicht allein von der ausgeschütteten Dividende zu beurteilen ist, sondern daß in ebenso starkem Maße die offenen und stillen Rückstellungen in Ansatz zu bringen sind. In den Dividendenerhöhungen allein liegt noch nicht die volle Steigerung der Gewinne; ein Hauptteil liegt in den stillen und offenen

Reserven. Gerade die stillen Rücklagen — durch übermäßig geringe Bewertung erzeugt — sind seit einer Reihe von Jahren namentlich in der letzten Zeit zweifellos außerordentlich hoch erfolgt. Sie können nicht geschätzt werden. Auch in den offenen Reserven, Abschreibungen und dergleichen sind große Summen aufgespeichert, die bei nicht wenigen Aktiengesellschaften ein Vielfaches der Dividendenausschüttung darstellen.

Aber auch für diese Erscheinungen liegt eine zwanglose Erklärung auf der Hand: Kapitalerhöhungen und Rückstellungen sind durch die Geldentwertung bedingt. Alle Instandhaltungsarbeiten und die Erneuerung der Betriebe erfordern große Mehraufwendungen. Ein Beispiel kann das näher erläutern: Wenn heut ein Bergwerk neu erschlossen und in Betrieb gesetzt werden sollte, so würde dies einen Kostenaufwand von 200—250 Millionen Mark erfordern. Das gleiche Bergwerk aus der Friedenszeit hat auf der Passivseite heute ein Aktienkapital von 20 Millionen Mark stehen. Darauf entfielen als Normaldividende in der Friedenszeit 8 oder 10 vom Hundert, im Höchstfalle also 2 Millionen Mark. Dieser Gewinn auf das Bergwerk bezogen, das heute errichtet ist, würde bei einem Aktienkapital von 200 Millionen Mark einer Dividendenausschüttung von 1 v. H. gleichkommen. Diese Tatsache kommt nun bis zu einem gewissen Grade in dem gestiegenen Kurs der alten Aktien zum Ausdruck. Der Kurs sucht ja das Spiegelbild des inneren Wertes des Unternehmens wiederzugeben. Mit ihm steigt oder fällt die Dividende, die in Papiermark gezahlt wird etwa im gleichen Ausmaß.

II.

Wenn nun des näheren *das Aktienkapital der Aktiengesellschaften angesehen wird, so ist eine doppelte Kapitalsart zu unterscheiden.* Zunächst einmal die Einlage der ersten Aktionäre, die das Unternehmen auf ihre Gefahr in Betrieb gesetzt haben. Dieses unpersönliche Unternehmungs- oder Stammkapital trägt einen Gewinn, der immer der ausgeschütteten Dividende gleich ist. Insoweit bedeutet die Ausschüttung einer 30- oder mehrprozentigen Dividende einen reinen Gewinn von 30 oder mehr vom Hundert. Und zweitens die Aktionäre, die ihre Aktie erst später von den Vorbesitzern gekauft haben. Das ist die weitaus überwiegende Mehrzahl der Aktionäre. Für sie steht der *persönliche* Anlagegewinn in keinerlei Beziehung mehr zum Unternehmungskapital. *Der Gewinn dieser Aktionäre wird daher durch das Verhältnis des absoluten Dividendensatzes zu dem Kurswert der Aktien dargestellt.* Die Berechnung zeigt alsdann, *daß die Verzinsung des Anlagekapitals* nicht mehr 30 oder mehr vom Hundert beträgt, sondern mit im Höchstfall — nach dem Kursstand zu urteilen — etwa 6 bis 7 v. H. Der Überschußgewinn dieser Aktionäre über die heutige normale Verzinsung des Anlagekapitals ist also im Höchstfalle 1—2 v. H. Mit einer geringen Fehlergrenze kann von dem heutigen Kurszettel gesagt werden, daß sämtliche Papiere (mit Ausnahme der Valutapapiere) diesen geringen Überschußgewinn ergeben. Wenn demnach die Aktiengesellschaften jene hohen Dividenden den zweiten und dritten Aktionären in den Schoß schütten, so sind sie auch auf den Kurswert gebracht, nur ein wenig höher als die normale Verzinsung. *Ein Mindestmaß an Überschußgewinn wird dem Aktionär aber zugebilligt werden müssen, denn ohne einen hohen Kapitalgewinn gibt es keine kapitalistische Produktion.*

Dieses Gesetz gilt für alle Staaten mit kapitalistischer Produktionsweise, wie beispielsweise die Dividenden der französischen Aktiengesellschaften als beweisen. Die bekannte französische Großbank, *Comptoir National d'Escompte de Paris*, bringt für das Jahr 1920 eine Dividende von 50 v. H. in Vorschlag, und zwar auf ein Kapital von 250 Mill. Frs. Sie gab 1914 auf ein Aktienkapital von 200 Mill. Frs. nur 25 v. H. Oder andere Beispiele:

1. Credit Lyonnais:

	1914	1920
Kapital	250 Mill. Frs.	250 Mill. Frs.
Dividende	25 Frs.	60 Frs.

Compagnie française pour l'exploitation des Procédés Thomson-Houston:

	1914	1920
Kapital	60 Mill. Frs.	200 Mill. Frs.
Dividende	25 Frs.	40 Frs.

3. Manufactures des Glaces et Products Chimiques de Saint Gobain:

	1914	1920
Kapital	60 Mill. Frs.	120 Mill. Frs.
Dividende	130 Frs.	117,20 Frs.

Die Deutsche Bank hat ihr Aktienkapital nicht wesentlich höher gesetzt als der Comptoir National und die Dividende von 10 v. H. (1914) nur auf 12 v. H. (1920) gesetzt. Oder ein so bedeutsames Werk der Maschinenindustrie wie Linke-Hofmann, hat bei Verdoppelung des Aktienkapitals 1913 und 1920 gleichmäßig nur 17 v. H. gezahlt, also seinen Dividendengewinn verdoppelt, wie zahlreiche ähnliche französische Unternehmen auch. Es wirken in Frankreich eben die gleichen wirtschaftlichen Erscheinungen auf die Unternehmen und auf die Gestaltung ihrer Bilanz ein, wie in Deutschland auch.

Der objektive Beobachter aller dieser Vorgänge kann daher die einseitige Einstellung des Kampfes gegen die hohen deutschen Dividenden nicht ohne weiteres verstehen. Aus der sachlichen Lage heraus liegen die Ursachen für die überall zu sehenden hohen Dividenden dem Verständnis offen. Wenn nun unentwegt gegen die hohen Dividenden der deutschen Aktiengesellschaften Sturm gelaufen wird, so dürfte noch ein anderer, bisher weniger beachtenswerter Beweggrund die französischen Interessenten und die ihnen dienstbare Presse leiten. Die hohe Dividende ist, wie bereits erwähnt, die Ursache für den hohen Aktienkurs. Würde es möglich sein, die Dividende zu drücken, so müßte damit automatisch der Kurs sinken. Das valutastärkere Ausland hätte auf diesem Wege die Möglichkeit, die deutschen Industriewerte zu einem billigen Kurs zu erstehen. Frankreich insbesondere ist seit längerer Zeit bemüht, sich mit seinen freien Kapitalien an den leistungsfähigen Industrien Mitteleuropas zu beteiligen. Das geht aus dem Beispiel in dem Saargebiet deutlich hervor. Hier wurden die großen Konzerne von Stumm und Röchling gezwungen, dem französischen Kapital eine 60prozentige Beteiligung an den Werken zuzubilligen. Durch den starken Druck mit der Kohle haben die kapitalkräftigen französischen Kreise es erreicht, und der Friedensvertrag hat ihnen hierfür die Voraussetzung geboten. Sie beherrschen heute die Saarwirtschaft. In ähnlicher Richtung bewegen sich die Bestrebungen dieser Kreise hinsichtlich der besonders leistungsfähigen deutschen Industrie. Sie wollen durch den Aktienkauf zum niedrigen Kurs, also unter geringem Kapitalaufwand einflußreiche Teilhaber werden oder sogar die Majorität in der deutschen Industrie erreichen und damit die entscheidenden Teile der deutschen Wirtschaft stärker beherrschen. Darum haben sie den Weg gewählt, gegen die hohen Dividenden Sturm zu laufen, mit einer hohen Reparationsbelastung zu operieren und durch diese Einschüchterung die deutschen Dividenden und damit den Kurs der deutschen Wertpapiere zum wohlfeilen Ankauf herabzudrücken.

FSC
www.fsc.org
MIX
Papier | Fördert gute Waldnutzung
FSC® C083411

Kolibri 360 GmbH
Ferdinand-Jühlke-Straße 7
99095 Erfurt, Deutschland
produktsicherheit@kolibri360.de